明
室
Lucida

照 亮 阅 读 的 人

泡沫时代

日本
迷走の
原点

日本
迷失的原点

［日］永野健二 著

张玲 译

北京联合出版公司
Beijing United Publishing Co.,Ltd.

序 言

2013 年 12 月，日本经济新闻社（简称"日经"）等三家报社依照惯例在大仓饭店举办了经济学家年末茶话会，在会上，安倍晋三首相扬扬得意地说："诸位经济学家，一年前你们没有人想到今天的股价会如此高涨吧，这就是'安倍经济学'的成果。"

这番话听来仿佛就是在夸口"股价可以解决一切问题"。

在前一年 12 月的大选中，安倍晋三率领的自民党大获全胜，组建了第二次安倍内阁。不久，日本银行总裁黑田东彦便提出前所未有的金融缓和政策。几乎与此同时，安倍内阁也施行了一系列被称为"安倍经济学"的经济政策。

"安倍经济学"由三大支柱构成，即大胆的金融政策、灵活的财政政策、促进民间投资的发展战略。在这些政策的刺激下，股价在短期内迅速攀升了将近 1.5 倍，日经平均指数[1] 突破了 1.5 万日元大关。安倍政权的最大目标是摆脱通货紧缩。安倍首相似乎笃定只要借助股价高涨的局面就能轻而易举地达成目标。这种想法真是让人心惊胆战。

作为经济记者，40 年来我一直观察着市场经济，我认为"从长期来看，市场无法被控制"。

在 20 世纪 80 年代后半期，日本经历了泡沫经济的时代。泡沫经济并非经济的繁荣，它是因为股票与不动产等特定资产的价格不断膨胀，远远超出它们的实际价值，从而导致市场经济无法实现可持续发展的一种现象。

在泡沫经济的最高峰，由于股价高涨，投资股市的收益甚至超过了平民百姓的年收入，同时，市中心出现了普通白领即使辛勤工作四辈子也买不起的高价公寓。这些现象足以摧毁人们的价值观。大家都开始觉得辛勤劳动不划算，对贫富差距怨声载道。在狂热的拜金潮中，人们陷入欲望的旋涡，悲叹人生却又无法自拔。

泡沫经济给社会留下了极大的后遗症，那就是泡沫经济破灭后的通货紧缩。健全的市场经济体制无法发挥作用，商品价格过分下跌。20 世纪 90 年代以后的 20 年被称为"失去的 20 年"，而这正是我们为 20 世纪 80 年代那个异样的泡沫经济时代所必须付出的代价。

1　全称是日经平均股价指数。根据东京证券交易所第一市场上市的 225 家公司的股票计算出的平均股价指数。——本书脚注均为译者注

资本主义的历史是泡沫经济与通货紧缩这两种病症交替发生的历史。以数十年为单位，这两种危机循环往复。麻烦就在于，泡沫经济孕育了通货紧缩的隐患，而治理通货紧缩又为将来的泡沫经济埋下了伏笔。

虽然不能完全防止泡沫经济与通货紧缩，但还是可以尽力将它们的恶果减至最小。能够采取的措施就是"财政政策""金融政策"与"长期的结构性改革"，而舵手就是日本首相与日本银行的总裁。

为政者必须具有远见卓识，在面临通货紧缩时就预想到今后的泡沫经济，并为此果断地出台防治措施。这是因为当下有重大效果的政策也可能在将来产生副作用，从而引发另一种危机。

因此，站在权力顶点的领导者除了"睿智"与"果断"以外，还必须"谦虚"。这个谦虚是指，要理解"市场具有不确定性，是不可控的"，同时也要相信市场的自我调节功能。而在前述安倍首相的夸口中，显然缺乏这种谦虚。

20世纪80年代在日本发生的泡沫经济到底是怎么回事？当下我们对它进行重新审视的意义到底在哪里？

泡沫经济并非一种单纯的经济现象。它在世界各地都发生过，也呈现出相似的症状。但具体情形又各不相同，这是因为泡沫经济与该国家或地区的文化、历史相交融，并在此过程中产生。因此，要理解20世纪80年代后半期日本的泡沫经济，就必须了解日本特有的经济体系。正是这个体系支撑着日本走上战后复兴与高速发展之路。

当泡沫经济如火如荼，里库路特事件在国会引发热议之时，我开始使用"涩泽资本主义"这个生造词。全球化引发了许多崭新的经济浪潮，而它们与日本以往的经济体系有所乖离。我想说明这种情形便用了这个生造词。所谓"涩泽"当然就是指被称为"日本资本主义之父"的涩泽荣一。我认为，如果不从更长的时间轴来考虑，就不能理解80年代泡沫经济的本质。

从明治开始，日本一直在资本主义与日本文化之间巧妙地寻求平衡，并建构了一个能够随机应变的框架。资本主义奉行冷静理性的优胜劣汰。对刚刚走出封建社会的日本来说，引入资本主义可使日本的国际竞争力得到提高，另一方面，如何减轻由于激烈竞争带来的社会矛盾也成为重要课题。

涩泽对此给出的答案就是"义利合一"和"论语与算盘"的哲学思想。所谓"涩泽资本主义"，是指通过日本的方法来抑制资本主义的贪婪，并以此化解大举侵入的外国资本与外来文化的攻势。这是独具日本特色的精英体制。

在涩泽的时代，还有许多异于"涩泽资本主义"的主张登场。比如，继承福泽谕吉的思想与行动，以"世界通用"的欧美型资本主义为范本的主张；或者以三菱财阀岩崎弥太郎为代表，以垄断为目标的"财阀资本主义"的主张。明治时代以后，日本的资本主义可以说正是由这三种类型的资本主义相互抗衡交织而成的。

经过战后的混乱期，日本又诞生了新的涩泽资本主义，并就此落地生根。提倡与推行新涩泽资本主义的主力军就是日本兴业银行（简称"兴银"）、大藏省和新日本制铁公司（简称"新日铁"）。兴银在战后资金匮乏的时代掌握了资金分配大权，是日本经济的司令部。而大藏省在不限于税收与财政的所有金融领域都独占许可授予权，是战后日本经济体系的调节人。新日铁由八幡制铁与富士制铁于1970年合并而成，在"钢铁是国家命脉"的号召下，新日铁高居产业资本主义的顶点，统领着日本的财界。正是这三者为自由民主党长期的一党支配政权提供了强有力的支持。

20世纪80年代，泡沫经济的出现意味着这个日本特有的经济体系已经老朽腐坏，无法适应时代的发展，即便它曾经牵引日本实现战后复兴和快速成长。泡沫经济兴起的过程，同时也是支撑日本经济走向强大的政、官、民这一铁三角构造腐败的过程。

20世纪70年代初期爆发的尼克松冲击（美元危机）与石油危机导致世界经济格局出现巨大变化。全球化与金融自由化的浪潮也宣告了新时代的到来。为了跟上时代的脚步，日本必须进行改革。

但日本对改革这条道路采取了回避的态度。整个日本社会被一种陈腐气息所笼罩，政策法规限制新公司参与市场竞争，以维持保守社会的延续。在官员们的指导下，所谓行业内部的"有序竞争"（村上泰亮）在各行各业得到广泛执行。金融机构恐怕就是其典型代表之一。从大银行到信用金库与信用合作社等金融机构，在"护送船队方式"的保护下，所有银行都不可能破产，为此甚至对利率和门店数量也进行了调整。

日本的领导者们为了避免因正面迎接结构性改革而带来的伤痛一躲再躲。搁置了制度改革、产业结构转换等的罪魁祸首，正是以大藏省为首的中央职权部门和以兴银为顶点的银行系统。

它们也正是战后日本体系（涩泽资本主义）的主力军。它们把因回避改革而保存下来的财力物力投向了土地与股票的泡沫。

泡沫经济最终让个体也陷入狂热。人们在不劳而获的神话中沉醉，而银行也趁机投其所好，形成了就算借钱也要投资土地与股票的社会风气。就这样，泡沫经济甚至使日本人的习性也发生了改变。

泡沫经济破灭后，日本迎来一段被称为"失去的20年"的漫长空白期，这在世界范围都前所未见。这个空白期本身也意味着日本的变化。人们对依靠土地与股票致富的期待日益淡薄，即便想制造泡沫也无能为力的通货紧缩时代冗长地延续着。但状况终于发生了改变。

2012年年底上台的安倍政权与安倍经济学的推行成了泡沫经济的序章。在激荡的世界经济形势面前，日本政府终于开口表示要进行结构性改革以应对时局。这一幕让人不禁想起1986年中曾根康弘政权宣布要对日本进行结构性改革的场面。

安倍政权的股市对策也与20世纪80年代泡沫经济时代金融机构的行动十分相似，都是不管不顾地煽动股价与地价上升。当年，我在采访中感到银行的风险意识薄弱；最近，我又在退休养老金及其他国家资金的运用负责人，抑或是创业公司经营者的言谈中察觉到这一倾向。

没有经历过泡沫经济，也没有从中吸取任何教训的年轻一代开始向往20世纪80年代，甚至期望泡沫经济出现的呼声也有所增加。

最近推崇田中角荣的论调就是一个典型的例子。我并不否认田中是一个极具魅力的人物。他凭借稀有的领导才能一步步爬上权力顶端成为日本首相。但他鼓吹的"日本列岛改造论"将土地作为商品买卖，从而造成地价迅速攀升，进而将日本导向泡沫经济社会。而且田中角荣自己也依靠从土地与股票交易中获得的资本来稳固政治权力。他因为洛克希德事件被问责 [1] 后，仍然长期在幕后操纵日本政治，直到泡沫经济时代仍然保持着对政坛的强大影响力。

全球化的资本主义每隔大约十年便会迎来危机，而政府的管控能力日益弱化，经济态势越来越不稳定。

1987 年，"黑色星期一"是表明在全球化浪潮中世界金融证券市场已经一体化的标志性事件。十年后的 1997 年，亚洲金融危机爆发，对冲基金的巨鳄乔治·索罗斯操纵俄罗斯与泰国的货币获取暴利，最后还与马来西亚的马哈蒂尔·穆罕莫德首相正面交锋。2008 年，以美国雷曼兄弟公司破产为导火线引爆了全球金融危机。这表明甚至连金融危机也已全球一体化。然后就是 2016 年，以中国股市暴跌为起点，世界经济一片混乱。再加上英国脱离欧盟这个意想不到的突发事件，世界经济更深地陷入了混乱的泥沼。

就算如此，也无人能够阻止席卷世界的全球化与金融化（赌

1　美国飞机制造公司洛克希德向日本政界相关人士赠送巨款，以保证日本全日空等航空公司购买自家客机。日本前首相田中角荣因在任时涉嫌受贿，于 1976 年 7 月 27 日被捕。

博化）浪潮，我们对此完全束手无策。不管是通货紧缩的时代，还是通货膨胀的时代，在地球的某处总是有新的泡沫经济产生，我们生活在一个无法脱离其影响的时代。

泡沫经济是全球化所带来的世界经济一体化浪潮与各国家、地区试图保持本地、本民族独有的制度、文化与价值观之间的矛盾产物。同时，它也展示了这个矛盾产生的具体过程。

不理解泡沫经济时代，就无法理解当下的日本。我们确实有必要对日本泡沫经济时代的众多往事进行谦虚的回顾与反省，因为我们还没有充分吸取 20 世纪 80 年代泡沫经济的教训。

为了把握泡沫经济时代的本质，本书从泡沫经济以前的时代开始对事态进行回顾，我期望通过对其前因的介绍，使读者加深对泡沫经济的本质的了解。如果您只想知道泡沫经济全盛时期的往事，那么从第二章或者第三章开始阅读也没有问题。本书每章都可以作为一个独立专栏来阅读。以您感兴趣的部分为切入点，能让您领略日本泡沫经济时代的苦辣酸甜将是我的荣幸。

股价与地价的变迁

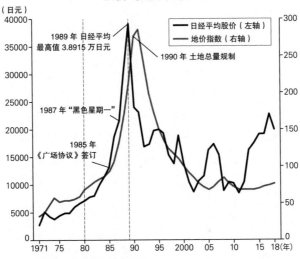

（日元）

40000

1989 年 日经平均
35000- 最高值 3.8915 万日元

日经平均股价（左轴）
地价指数（右轴）

300

1990 年 土地总量规制

30000

250

25000

200

1987 年 "黑色星期一"

20000

150

1985 年
15000- 《广场协议》签订

100

10000

5000

50

0

0

1971   75   80   85   90   95   2000   05   10   15   18(年)

※ 日经平均指数取年末最终数值
※ 地价为日本六大都市全用途土地平均的价格指数（以 2000 年 3 月末为 100 ）
　 Source:Japan Real Estate Institute.

目 录

第三章　狂乱

第四章　清算

第一章　胎动

"二战"后，日本在短期内实现了奇迹般的复兴，20世纪60年代进而实现了经济的高速发展。但在20世纪70年代初期，日本的国内外环境发生了巨变。尼克松冲击后，美元不再与黄金挂钩，开始实行浮动汇率制，又加上第一次石油危机的影响，日本高速发展的两个前提即"廉价日元"与"廉价石油"不复存在。

　　早已在国际竞争中历经风雨的汽车制造厂商与电器制造厂商早早就采取措施来应对环境的变化。它们历经千锤百炼成就一身钢骨，赢得了日本第一的称号。与此同时，毫无任何变化的陈腐领域也存在于日本，那就是仍然躺在过去高速发展的战绩上做白日梦的战后体系（涩泽资本主义）。

　　跨国企业与国内企业、直接金融（证券公司）与间接金融（银行）、新兴势力与保守势力，这些对立将日本分裂，好似有两个日本存在。

　　在美国经济自由化的压力与国内新兴势力的撼动下，日本内部这两大对立势力之间的分裂日益扩大，战后体系的终结由此拉开序幕。

1 三光汽船收购日本航线事件

随着时代的变迁，知道日本兴业银行以及它的辉煌历史的人可能越来越少，但在日本战后复兴期到高速发展期的历史进程中，日本产业史的所有重大场面中总伴随着兴银的身影。当时，兴银是大藏省与通商产业省公认的日本的经济顾问，也是一家掌控着日本整个国家资本的风险投资公司。

兴银是以 1900 年（明治三十三年）的《日本兴业银行法》为依据，以振兴日本重化工业为目的而诞生的银行。它是一家特殊银行，不承办存款业务，主要通过发行金融债券筹集资金并为企业提供长期贷款。明治末期以后，随着日本对外战争的推行，兴银的存在感也日益增强。从 20 世纪 40 年代起，几乎在太平洋战争的整个进程中，兴银都把控着日本战争金融的大半江山，在战时经济中发挥了核心作用。战后驻日盟军总司令部（简称"GHQ"）接管日本后，在他们推行的经济改革中，兴银自然被视为"战犯银行"，其废止问题被提上议程。

GHQ 企图让以直接金融为中心的美式金融体系扎根日本。当时日本的金融体系主要以间接金融为主，也就是借贷双方必须以银行为中介进行交易。而在借贷双方直接交易的直接金融体系中，为了方便买卖公司债券与股票，对证券市场和证券公司的培养不可或缺。虽然 GHQ 秉持直接金融的方针，但兴银最终奇迹般地得以存续。对于这个问题存在多种见解，比如有人认为 GHQ 的内部争斗给予了兴银幸存的机会，但个中缘由至今仍然是一个谜。

1952 年，《长期信用银行法》颁布，兴银、日本长期信用银行（简称"长银"）与日本不动产银行（后改名为日本债券信用银行），以长信银三大行的身份开展业务。日本长期信用银行的前身是日本劝业银行的长期融资部门，日本不动产银行的前身则是战前的朝鲜银行。《长期信用银行法》的颁布标志着日本政府和大藏省对 GHQ 方针的全面修正。它宣告了在长期金融领域，日本仍然坚持间接金融方针，融资活动将仍以银行为中心来开展。

战后，由于资源和资金的不足，日本政府在产业和金融上有重点地进行了倾斜。为日本带来奇迹般复兴的框架在那时就已确定。长信银是日本高速发展的动力引擎，其中又以兴银为最，凭借战前开始就积累下来的丰富经验和有用人才，兴银迅速成为屹立于日本金融体系顶点的标杆。

以兴银为顶点，其下为都市银行、信托银行、其他长信银以及政府系统的金融机构。再往下为地方银行、相互银行、信用金库以及农协系统的金融机构。按照资金分配权限的大小，一个简洁明晰的金字塔体系由此形成。

即便是发行公司债券这种直接金融领域的行为，兴银也能通过被称为"受托八行会"（简称"八行会"）的起债会进行操控。而证券公司在其中扮演的不过是股票市场协调员的小配角罢了。

兴银在日本开发银行的设立（1951年）、海运联盟的成立（1964年）以及日本银行对山一证券的特殊融资（1965年）等大事件中发挥了举足轻重的作用。不过，兴银的顶盛时期还要数1970年新日本制铁公司诞生之时。新日铁由八幡制铁与富士制铁两家公司合并而成，与战前的日本制铁（战后被GHQ解散）一样成为当时日本最大的钢铁制造企业。这个大型企业的诞生离不开时任兴银董事长的中山素平的功劳。中山同当时的通产大臣大平正芳一起，与主张合并的八幡制铁与富士制铁两家公司联合起来，在通产省的支持下，说服反对合并的公正交易委员会，达成了这项历史大业。由于中山素平在斡旋中神出鬼没，媒体将其称为"财界鞍马天狗"。

不过，兴银的这种巨大存在感得以维系的前提，是日本以制造重工业为中心的产业结构和经济的持续高速发展。

三光汽船挥剑勇斩联盟体制

20世纪70年代以后，兴银无所不能的神通力量有所变化。1971年闹得沸沸扬扬的三光汽船囤积日本航线公司股票事件就是一个标志性的拐点。

当时日本海运业承担海外海运业务的船只中，90%都归属于 1964 年由运输省主导成立的海运联盟，联盟又将它们最终整编成"日本邮船""大阪商船三井船舶""日本航线""川崎汽船""山下新日本汽船""昭和海运"六大海运集团。按照规定，只有参加联盟的企业才能分配到计划造船的工作，也只有这些企业才能获得日本开发银行融资的利息补助。这是一个典型的垄断型产业政策，而策划者正是兴银。

三光汽船公司对海运联盟体制发起了正面反抗。非海运联盟成员的三光汽船利用股票市场，从时价发行增资和高额股价经营中找到了突破口，在业务往来中以大量船舶订单为武器，迫使作为商业伙伴的造船公司接受三光汽船的高额股价。通过这种方式，三光汽船无须依赖银行就能筹措到巨额资金。新时代的大门由此打开。

对于收支全部以美元来结算的海运公司来说，以日元结算且高薪雇用日本人船员的时代已经渐行渐远了。当时，按照与全日本海员组合的约定，日本国籍的船只必须承担雇用日本人船员的义务，如果想要雇用廉价的外国人船员，必须满足航运船舶为外国国籍的条件。

在这种情况下，率先开始制造非日本国籍船舶（即方便旗船舶），构筑以外国人船员为中心的航运体制的就是三光汽船。由于日本的劳动力成本太高，日本的制造业在此后不久开始纷纷逃离日本，将生产线移往海外。当时三光汽船的这种举动就是海运业将生产线移往海外的先驱性尝试，也是对其后日本经济整体会面临的病症所采取的一种提前应对。他们将方便旗船舶的国籍设在了低税率的巴拿马与利比里亚。2016 年 4 月因"巴拿马文件"而备受关注的避税天堂问题，据说就是以海运业的方便旗船舶为发端的。

对在世界市场的竞争中奋力拼搏的日本海运业来说，以日本国内的秩序为优先考量的垄断联盟体制早已经落后于时代，而三光汽船的成功就是这个事实的生动反映。但是，构建了联盟体制还不足十年的运输省官员和兴银无法轻易放手。另外，三光汽船实际上的老板河本敏夫是自民党少数派三木（武夫）派颇具实力的政治家，这个因素也使得事情变得更为复杂。

1970 年 9 月以后，开始有传言说三光汽船在着手囤积日本航线公司的股票。和光证券等几个特定证券公司出现在日本航线的大股东名单中。1971 年 9 月，证券公司名下所持的日本航线股票为 1670 万股，约占已发行股票数的 4.7%。当时，法律允许借助证券公司的名义买卖股票，所以任何公司都能以证券公司的名义隐身收购股票。三光汽船的这种隐身操作持续了很长时间。为此，日本航线公司也开始进行防御性的股票收购，寻求稳定股东的持股，但没有得到许可。

1971 年 12 月，暗中的抗衡终于摆在了明面上。三光汽船正式告知社会面，他们已经购入 7000 万股日本航线的股票，占已发行股总数的 19.7%。他们以此要求与日本航线进行业务合作。其后三光汽船继续对日本航线的股票进行收购。到 1972 年 9 月末，包括关联企业的所持股在内，三光汽船所持有的日本航线股票高达 1.46 亿股，约占已发行股票总数的 41%。

时价发行与第三方定向增发

作为联盟体制外的海运公司，三光汽船单枪匹马地对运输省与兴银共同构筑的垄断体制发出了正面反抗，并通过股票市场明确宣布了对所收购公司的经营权。这是战后最大的一桩敌意并购（企业的收购与兼并）案例。

后来成为通产大臣的河本敏夫曾经对三光汽船的职员们说："要想成为世界第一的公司，只能以创新来求发展。"

支撑三光汽船取得成功的是时价发行股票这种比较低价的筹资方式。当时三光汽船向日本的造船公司下了大量生产邮轮和散货船的订单。这对正为接不到订单而发愁的造船公司来说，真可谓久旱逢甘露。三光汽船正是利用造船公司的这一弱点，强迫它们购买第三方定向增发股票。同时由于各造船公司成了三光汽船的稳定股东，在市场上流通的三光汽船公司的股票数量变得极少，公司股价上涨。这就是"高额股价经营"能够达成的机制。

1970年，三光汽船以每股65日元的低价首次发行第三方定向增发股票。1971年年底，股价高涨至895日元，到了1972年年底更是高达2560日元。股票的市值象征着企业的价值，1973年3月底，三光汽船的市值超过新日铁，成为日本第一。

新日铁一直以来都是日本第一的公司，依靠以兴银为主的长期贷款专心经营，对股市与股价漠不关心。而三光汽船凭借经营股价"一夜暴富"，成功逆袭。这是一个颇具象征性的事件。当时，三光汽船的流通股比例仅有3.7%。

通过第三方定向这种特殊的股票认购方式实现时价发行增

资，使得公司股票在市场上的流通份额降低，进而促使股价提高。从股价公正性的角度来看，三光汽船的这种做法确实存在大问题。但河本对来自银行与证券公司的批评熟视无睹，依然以此来增强自己的资金筹集能力，甚至加速推行了三光式的高额股价经营方式。

1972 年 5 月，三光汽船变更公司营业范围，在公司业务中增加了"有价证券投资"与"船舶买卖"两项新业务，并宣布将以"海运业""股票买卖""船舶买卖"作为公司业务的三大支柱。要维持高额股价经营就必须努力提高公司的经常利润，因为这是投资者买卖股票的首要判断基准。为此，公司有必要将有价证券买卖收益和船舶买卖收益反映在经常利润中。此时，三光汽船的做法与后来在泡沫经济中热衷于玩弄理财技巧的公司完全一样，只不过三光汽船比它们早了 15 年。

联盟体制与非联盟体制的区别，按照时下流行的说法，那就是"设限"与"缓和设限"的区别。"日元结算"经营还是"美元结算"经营的问题，实际上就是公司经营主要是面向国内还是面向世界的问题。方便旗船舶的问题，如果要追根问底，其实是作为日本企业为日本人创造就业，还是成为国际化公司雇用外国船员的问题。发行股票增资的问题，则是维系"间接金融"、依靠银行融资，还是依靠"直接金融"以便摆脱对银行的依赖的问题。

三光汽船囤积日本航线股票一事，揭示了日本经济与日本企业直到 21 世纪仍然存在的结构性问题。40 年后，当我们回顾三光汽船的案例时，会发现三光汽船的理念有其先见性与合理性。

兴银行使的权力

但是，对于运输省与兴银来说，三光汽船的行动实难容忍。如果认可这种做法就相当于承认自己的政策失败。所以对兴银和运输省来说，它们不可能认可三光汽船的大股东身份，日本航线也不可能与其达成合作进而实现两者合并。

与三光汽船交涉的任务交给了兴银。秘密交涉开始了。兴银选择的第一位代理人，是在黑社会拥有隐秘势力的儿玉誉士夫。也许中山素平是通过财界友人与儿玉搭上了关系。儿玉战前活跃于间谍情报机构，战后致力于对保守势力的整合重组，他拥有与山口组等暴力集团直接沟通的渠道，是右翼势力的巨头。1976 年，他因洛克希德事件彻底退出历史舞台。

兴银的另一个代理人就是崇光百货的总裁水岛广雄。水岛是兴银出身，颇有学识，既是学者又与儿玉等黑道势力有交流，是黑白两道通吃的人物。兴银因此也欠下了水岛的人情，其后兴银不得不帮扶经营陷入困难的崇光百货，直到它在 20 世纪 90 年代破产为止。

兴银的宿疾也就是从这个时期开始的。

1973 年 4 月 24 日，在儿玉誉士夫与水岛广雄这两位幕后高参的见证下，三光汽船的总裁河本敏夫与日本航线的总裁土屋研一在双方的调解协议上签字盖章。这是一个突兀的解决办法。三光汽船对日本航线的并购其实内含着一个重要的政策课题，这个课题关系着海运业的未来走向。但这次并购最后戏剧般地变成了有黑社会参与的独具日本特色的囤积接盘闹剧。

该和解调停书的主要内容有：①三光汽船所持的 1.45 亿股日本航线股票中，只留下 1000 万股，其余全部卖还给日本航线；②交易价格为一股 380 日元；③两家公司今后将继续推进业务合作。其实无论是三光汽船还是日本航线，都对推进业务合作这一条不抱期望。

几年后，三光汽船将剩余的 1000 万股也全部抛售，至此，三光汽船与日本航线之间的股票囤积问题彻底画上句号。

事件结束时，按照兴银与日本航线的说法，当时为此向儿玉誉士夫赠送的礼物只有日本航线的感谢信和拜年礼。后来在洛克希德事件的搜查与审判过程中发现，这是无法见光的"谎话"。

事实上，支付给儿玉誉士夫的报酬是 1.01 亿日元、著名画家东山魁夷的画作《绿汀》、纯金的茶壶，另外还有 1 亿日元的调查启动资金。也就是说，仅现金实际上就向儿玉誉士夫支付了 2.01 亿日元。

崇光百货的水岛则从儿玉那里得到一枚当时价值 1 亿日元的 20 克拉钻戒作为感谢。水岛没有将这枚钻戒作为所得向税务局申报，后来还为此被国税局追缴罚款。

三光汽船通过抛售日本航线的股票，估计获得了 150 亿日元的收益。这笔收益来自 380 日元这个破格的抛售价。按照当时兴银相关人士的说法，"这是一个远远超过日本航线公司实力的政治价格"。就算明知这不是一个合理的价格，兴银还是匆忙地应承下来。

接盘价格本应由市场形成的成熟价格决定，但为了解决问题，兴银草草地做了了断。这不但束缚了日本航线使其无法在经营中大施拳脚，也使兴银的经营决策受到限制。

三光汽船与日本航线的事件解决之后，又发生了石油危机。为了操纵股价，有市场相关人士故意散播谣言说，日本航线为了成为日本的重量级企业，正在阿布扎比致力于石油开发事业。那个年代，这种类似欺诈的谣言时有发生，但对内幕交易进行监管的条例仍然是空白一片。

回顾三光汽船收购日本航线股票的案例，能在许多方面让我们收获警示。当时，并购这个词还没有在日本的股市得到普及。媒体对该案的评论主要为，政治家河本敏夫有恃无恐，旗下的三光汽船囤积了大量联盟体制下的大公司日本航线的股票，但该事件在主银行兴银与运输省的英明领导下得到圆满解决，1964年成立的联盟体制由此得以保全。

屹立于日本间接金融体系顶点的兴银，依旧神通广大。

美国学者肯特·卡尔德对这个时期的日本经济体制进行了精彩分析。他在《战略的资本主义——日本型经济体制的本质》一书中指出，日本虽然依靠市场经济来运作，但许多制度和组织的目的并不单单在于盈利，而是抱有更大的目标，这使得资源的战略性分配得以实现。长期信用银行与企业集团（企业在资本方面或生产方面的联合）就是其代表。

卡尔德明确指出，日本经济的总司令部不是通产省，而是民间企业兴银。

他虽然没有提及三光汽船囤积日本航线股票事件，但在这个事件中，兴银所起到的就是民间司令部的作用。三光汽船利用时价发行增资来强化企业的资金筹集能力，并借此毫不客气地向对手主张股东权利。面对三光汽船的做法，兴银以主银行与企业之间的信赖为支点，说动企业接盘股票，即使股价高得离谱，依旧达成了独具日本特色的交叉持股。

兴银的确是解决三光汽船囤积问题的主导者，是政、官、民这个所谓铁三角的司令部。要使铁三角发挥作用，就必须具备同黑社会进行交涉的能力。兴银的人脉才是支撑其实施权力的另一大力量。这一点是卡尔德没有提到的。

儿玉誉士夫的登场使形势顿时急转直下，就连实权派政治家河本敏夫也被压制下来，最终达成协议，这一系列操作都是兴银权力的体现。

兴银末日的来临

1973 年的 10 月，就在三光汽船与日本航线的事件达成协议的同一年，石油危机爆发。在原油价格高涨与提倡节能减排的时代浪潮中，日本经济发展开始减速。这既是日本高速发展时代的终点，也是日本国际化的起点。特别是对于收支全部以美元结算的海运业来说，1971 年的尼克松冲击后，日元升值不断加速，它们的经营环境日益艰难。按照国内协调的原理建立的联盟体制已然无法再维持价格均衡的结构，而此时，邮轮市场的低迷又使得形势更为险峻。

按照邮轮运费的国际标准，如果把 1973 年 1 月的价格作为基准设定为 100，那么石油危机爆发之前，这个价格超过 400，但是到了 1974 年 1 月价格降至 80，到了 1975 年 1 月价格再降至 35，价格骤降至石油危机爆发前的近 1/10。

无论是 1970 年开始囤积股票的三光汽船、接盘股票的日本航线，还是斡旋者兴银，它们谁都没有预测到这样的事态。但当时，有一家海运公司高瞻远瞩地做出了重大历史决断，它就是联盟体制下的最强企业——日本邮船。日本邮船的总裁是菊地庄次郎，他一早就预见到经济高速发展的终结，而邮轮市场也将陷入长期低迷，因此他在 1975 年就已从邮轮事业成功撤离。他下令取消了十艘大型邮轮的生产订单，对所持运输邮轮的数量也进行了调整，当时的损失高达几百亿日元。

当初公司召开董事会对撤离邮轮事业进行讨论时，除了菊地本人，所有的董事都持反对意见。但是菊地态度坚决，将撤离路线贯彻到底，对他来说，这当然是一个生死攸关的决定。

当时菊地这样说道："我不敢保证我的预测百分之百正确，但经营就是决断，有时必须孤注一掷。"他还直言："像日本航线与三光汽船那样的主力邮轮公司，如果仍然不着手减少船只数量，一旦我所担心的那种事态发生，公司的经营绝对会陷入绝境。"历史证明，菊地确有先见之明。

日本航线解决了囤积股票问题之后，渐渐转为由兴银主导的体制，名副其实地成了"日本兴业银行海运部"。上级派来的公司总裁都是兴银曾经常务等级的董事。辅佐总裁的室长也都是兴银的中坚人才，比如后来的银行行长西村正雄、副行长合田辰郎等。

在兴银的掌控下，日本航线走上了一条与日本邮船完全不同的道路。1989年泡沫经济正如火如荼之时，日本航线被级别低于自己的联盟制公司山下新日本汽船吸收合并，改名为纳比克斯航线（NAVIX LINE）。而兴银则一直忙于低调地处理对日本航线的投资损失——兴银曾对该公司投资超过2000亿日元。

兴银介入日本航线的经营以后，儿玉誉士夫的人便自由进出日本航线公司，他们甚至还得到过日本航线关联公司的经营权。此外，水岛广雄也长期担任兴银的名誉顾问。与三光汽船和日本航线有大量业务往来的香港船王、环球航运集团董事长包玉刚也曾经担任兴银的顾问。

兴银的某个干部曾经自嘲地发牢骚："行长以下的所有干部都是日本航线问题的当事者，所以无法对这些人问责。"

日本航线问题可算是兴银末日的开始，但是兴银没有任何干部因这个问题被问责。而且，兴银与黑社会的关系由此开始并延续到80年代的泡沫经济时代，当时爆发的"崇光问题""尾上缝事件"都与此有关，兴银就是因此被切断了命脉。

2　眼花缭乱的投机股与兜町[1]的终结

随着全球化的不断深化，以兴银为顶点的日本战后体系不堪负荷，发出悲鸣。同时，在股市这个直接金融的舞台上，投机商团队囤积股票的行动越发猖獗。

1978 年 10 月 11 日，东京证券交易所（简称"东证"）等全国八家证券交易所宣布，为了防止越过交易所的股票直接买卖，开始施行"特别报告股制度"。那时，东证第一家上市公司柴油机器的股票被指定为第一号股，这只股票因为笹川良一团队的囤积而备受关注。当时在股票市场上，人们怀着各种各样的目的大肆购买高利润的投机股，形势非常混乱。

投机股在日语中被称为"仕手股"，"仕手"这个词指日本传统舞台艺术"能剧"的主角。在股市中，它是指利用大量资金

1　兜町是日本证券公司集中之地，算得上是日本的华尔街。

进行投机买卖，以求在短期内获取暴利的投资者或投资团队，相当于英语的"speculator"。

主要买家诚备集团和日本船舶振兴会的董事长笹川良一，因囤积柴油机器的股票备受议论。1977年12月，笹川良一的儿子、主营赛艇器械的日本托特公司专务笹川阳平（现日本财团董事长）成为柴油机器的第二大股东。第二年6月，他一跃成为第一大股东。

笹川良一曾在"二战"后因A级战犯嫌疑被逮捕，后来免于起诉被释放。他使汽艇竞赛成为政府经营的竞技比赛，拥有雄厚的政治与经济实力，在政界、经济界甚至黑社会都拥有隐秘势力。而另一边，柴油机器在日本的大股东五十铃汽车与日产汽车对接盘股票表露出拒绝的姿态。

东证想要解决的是轧空的问题。在冈本理研橡胶（现冈本株式会社）的股票交易中，股票接盘价格在正式决定交易前才定下，这种手法并不妥当。有人在股市上操控情报、散布谣言，诱使卖方在信用交易中卖空，同时，自己则将该股收入囊中，使得流通股变得十分稀少，迫使空头卖方在信用交易中用高价回购股票。这就是轧空。

靠轧空提升股价的手法是诚备集团的拿手把戏。领导诚备集团的加藤暠之后被称为兜町的风云人物。他们解决问题的方式，是与公司直接交涉、直接交易，也就是所谓的"协商解约"。在冈本理研橡胶的投机战中，笹川良一的政治实力被用在了越过市场的股票接盘交易上。

始于企业收购，终于依靠黑社会人脉的市场外交易。在三光汽船与日本航线的股票交易中，儿玉誉士夫曾扮演过这类角色。这是日式股票囤积事件老套的解决方法。

在柴油机器的投机战中，据说平和相互银行的小宫山英藏与政界的各方人马也参与其中。后经证实，平和相互银行仅在柴油机器一案中就为相关企业提供了 200 亿日元以上的融资，这为 1986 年 10 月住友银行吸收合并平和相互银行埋下了伏笔。无论如何，柴油机器事件所牵连的范围之广绝对是冈本理研事件无法比拟的。

此外，柴油机器本来是一家与投机股风马牛不相及的战略型优质企业，同时也是一家国际企业，受到世界顶级汽车零部件生产商德国博世的投资。这种不彻底的解决方案很可能招来国际社会的批评。

谷村裕的市场主义

特别报告股制度是由古村裕拍板引入的。古村裕曾经担任大藏省的次官，非常有影响力。在其任职东证理事长、权力如日中天之时，他下令引入了该制度。这是为了实现其市场政策的理想必须做出的决定。

谷村裕的前任是森永贞一郎，森永是从大藏次官做到东证理事长，最终升任日银总裁的重量级人物。谷村裕接替森永于 1974 年就任东证理事长。谷村对股市交易抱有巨大的使命感，并拥有一套自成一体的管理哲学。他甚至著有《股东账户复活论》一书。他信奉的哲学就是"公司属于股东"，也就是现如今的重视股本回报率（return on equity）的思想。

他认为在股份所有与公司经营完全分离的基础上，明确股东的权利是最重要的事。所以他把公司的净资产称为"自有资本"，认为经营者不能只考虑自己的需要，同时也反对通过时价发行增资来为经营者谋取私利。

他主张为确保股东权益受到保护，应该保证由市场机制形成的股价公平、公正且透明，而交易所正是这种公平公正的守护者。

谷村的思想远远超前于大藏省的官员。这种想法是基于他的战争经历和战后任职于大藏省的工作经历而形成的。特别是战后当他被借调到经济稳定部工作时，他开始确信，在统制经济的前提下"官员无法决定所有商品的价格"。这就是谷村作为大藏省官员却离经叛道地信奉"市场主义"的根由。

引入特别报告股制度四年后，谷村从东证理事长一职退位，他当时说道："如果谈到伤心往事，首先想到的就是柴油机器事件。虽然大量购买股票并非坏事，是兵家胜负之争，但从市场上买空以提升股价，然后在市场外胁迫对手以高价交易的行为让人难以接受。特别报告股制度就是为了防止这种行为发生而制定的。"又明确地说："被指定为特别报告股的只有柴油机器股。后来诚备问题发生时，整个市场都对相关举动备加关注，可以说是暴露在光天化日之下，所以也就没必要对股票进行特别指定。"

他还骄傲地说："我认为受价格机制支配的交易首先应该依靠价格机制来解决问题。兜町有着依靠人为介入来促成交易和解决矛盾的历史，自从我就任理事长，九年里一次协商解约也没有发生。这说明证券的世界已经走向了现代化。"

矶边律男与"法务大藏会"

在柴油机器的股票投机战中，股价离谱到几乎要将谷村的理想摧毁。所以谷村也采取了全面行动。他不仅将柴油机器指定为特别报告股，使其受到交易规则的约束，而且通过自己在大藏省的后辈、时任博报堂总裁的矶边律男的帮助，与检察机关和国税方面联手。矶边曾经担任国税厅的长官，通过"法务大藏会"的特殊人脉，让谷村与伊藤荣树总检察长率领的检察机关实现合作。矶边是连接了大藏省、检察机关与国税方面的绝佳牵线人，可以被称为涩泽资本主义的代理人。

谷村与矶边达成共识，在紧急情况下不仅要行使交易所的权力，还要利用法律制约，根据需要将毫不犹豫地以税务制裁来解决问题。从某种意义上来说，交易所、大藏省、国税当局，甚至检察机关都已卷入此案，形成了国家权力与投机团体的对决局面。这使得特别报告股制度看似就是专门为了柴油机器事件而设的一样。

对决的结果是，柴油机器的股价停滞了。股价停滞、成交额几乎为零的状态持续了半年以上。对管理上市公司的证券交易所来说，无异于陷入了一种二律背反的焦躁。说到底，交易所的基本职责难道不是保证上市股的流通吗？1979 年 4 月，东证解除了柴油机器的特别报告股限制。业内人士对此主要有两种看法，一种认为特别报告股制度发挥了作用，对之予以正面评价；另一种则认为，这说明东证承认了股价在形成的机制上存在问题。

不管怎样，以此为界，形势突然明朗，柴油机器股票囤积事件迅速得到解决。作为证券行业领导者的野村证券公司也在暗中推动事态的发展。作为主银行的兴业银行也修正路线，推动大股东五十铃汽车与日产汽车接盘柴油机器股。

1980 年的新年刚过，柴油机器就在请求大股东接盘的事情上展开行动。在 1 月 29 日召开的股东大会上，柴油机器的总裁望月一成发言说："非常感谢大股东、相关人员对本公司的关照。"翌日，《日本经济新闻》的头版上登载了一篇报道："作为市值超过 400 亿日元的战后最大股票囤积事件，备受各方关注的笹川集团囤积柴油机器股终于尘埃落定。五十铃汽车与日产汽车等大股东已经达成协议，愿意将笹川团队的所持股份尽数购回。长达三年的纷争终于落幕。"

一个月后的 2 月 23 日，一切终于明了。笹川集团囤积的柴油机器的股票全部由五十铃汽车等 25 家公司购回。

当天上午，平和相互银行的总裁小宫山精一在记者会上的发言意味深长。小宫山在记者会上明确指出："在柴油机器股票囤积事件中，平和相互银行为此先后给予了高达 210 亿日元的融资支持，而这次参与了囤积柴油机器股票的日诚总业也是平和相互银行的客户。"他还说："在 2 月上旬已将所有贷款全部回收，因此这些贷款并未给本行的经营带来恶劣影响。但作为管理公民存款的银行，我们对参与股票囤积的行为进行了深刻反省。"

这些不像是当事银行会主动想说的话。也许是作为上级监督机关的大藏省，或是检察机关，又或是国税方面，毫无疑问它们当中的某个权力机关对平和相互银行的经营者进行了严厉的"指导"。

另外，在此次接盘决定中出力最大的野村证券的总裁田渊节也在后来坦言："在笹川良一囤积柴油机器股票事件中，我也参与推动了协商解约的达成。作为大股东的银行虽然承诺回购股票，但有一家在最后关头突然退出，是野村挺身而出，承担了那一部分。我不知道笹川先生为何要囤积股票，但为了处理这件事，笹川先生的儿子阳平先生饱尝辛劳，我也是在那时候同他结下友情的。"

柴油机器事件结束后，笹川良一的儿子笹川阳平再也没有参加任何股票投机战。笹川良一去世后，笹川阳平担任日本船舶振兴会的董事长，从此一心扑在非政府组织的公益事业上。

柴油机器的解决方案，实际上是东证理事长谷村最反感的协商解约。不过，这是为了今后不再出现协商解约而进行的协商解约。

投机团队的分裂

本次解决方案没有言及却值得大书特书的一点是，囤积集团被分裂成三股势力，彼此难以合作。就柴油机器案而言，平和相互银行为一股势力，它在其中担任了金融协调的角色；加藤暠集团为另一股势力，它在其中担任操纵股价的角色；第三股势力是笹川集团，它在其中担任统括各方意见形成决议的角色。由于这三股势力的协作受到破坏，后来，诚备的加藤暠集团不得不在投机活动中孤军奋战。其实，特别报告股制度的最大目的就是使诚备的加藤暠集团孤立无援。

1977 年年末，加藤建立"诚备"公司，1979 年将其改名为"诚备集团"，并将办公地点设在茅场町。"投资顾问"一词就是在那个时候开始广为人知的。据说在诚备集团最风光的时候，委托其进行投资的大额投资者人数高达 4000 以上。

1980 年以后，加藤渐渐被公认为"兜町最强操盘手"，但作为投机集团，他们实际上总是处于孤军奋战的状态。他们把以野村证券为首的日兴、大和、山一这四家大证券公司视为对手，通过指责"大证券公司的手法是侵吞投资者的利益"，以此获得对上市公司和大型证券公司掌控市场的局面感到不满的投资者的信赖及他们的投资基金。

他们的狙击对象主要为中小型企业的股票，比如石井铁工所、日立精机、RASA 工业、安藤建设、东海兴业、不二家、西华产业等，并未将重心放在柴油机器、冈本理研橡胶之类的一流企业上。

诚备集团从 1978 年开始以 402 日元的低价收购书店中的龙头企业丸善的股票，到 1980 年所持股价涨至 2200 日元。以此为开端，他们还成功地使宫地铁工所的股价飙涨。1979 年，该股股价仅为 201 日元，到了 1980 年 8 月下旬已经涨至 2950 日元的高价。宫地铁工所的股价因此受到媒体关注，加藤也被称为"兜町最强操盘手"，广受赞誉。诚备集团通过囤积取得了宫地铁工所 70% 以上的已发行股，并以此获得企业的经营权。加藤扬得意扬扬地说："这是一直以来深受大型证券公司欺负的弱小投资者的反击。"

正如在柴油机器的股价中所观察到的那样，拥有大量资金的操盘手利用股价上涨的态势，巧妙诱导投资者卖空，然后再顺势将股价提升，迫使投资者不得不以高价回购股票才是加藤派的要义所在。当收购股份达到相当数额之后，他们会联合像笹川集团那样的终结者与被收购公司谈判，而在此之前他们已经暗度陈仓，在市场上进行抛售。随着诚备臭名远扬，他们越来越难以在市场上进行此类操作。

在宫地铁工所的投机战以及委托盟友岩泽靖操盘的西华产业股票投机战中，诚备集团自己打破了投机集团的原则。如上述两个案例所示，对于加藤声称的弱小投资者而言，通过控股来参与公司经营到底有何益处并不明了。对于投机战来说，这显然是一个失败。而且，那些委托诚备集团进行投资的投资者，比如像岩泽靖那样的公司经营者以及政治家们，他们是否可以被算作弱者这个问题本身就有必要深思。

岩泽靖是北海道当地有名的实业家，且与政府关系密切。他以札幌为据点四处扩展业务，包括经营出租车公司"金星汽车"、成为丰田汽车在札幌的汽车经销商，业务还涉及北海道电视台等。通过在札幌的汽车经销商业务，他在丰田系统的各地汽车经销商中拥有了强大的人脉与资金来源。

岩泽也是高桥治则的岳父。高桥在泡沫经济时代被称为时代宠儿，也是 EIE 国际的总裁。而 EIE 正是日本长期信用银行破产的导火线。岩泽是加藤的指导者，从 20 世纪 70 年代后半期开始热衷于股票投资。他的投资额大到已经超过他公司的收益能力和账外收益。1980 年，他依靠所持股份成为西华产业的董事长。但许多人认为，他是在诚备集团加藤的欺瞒劝诱下购入了股票。

无论是宫地铁工所，还是西华产业，诚备集团的加藤提前设局的牛市都终成泡影。加藤的失败就是谷村裕利用特别报告股制度制造势力分裂的成果。

诚备集团的灭亡已经为时不远。

加藤暠与是川银藏

令人意外的是，给予诚备团队致命一击的却是资深投资家是川银藏。

从 1981 年 9 月 18 日起，住友金属矿山的菱刈矿山（金矿）股票开始大幅攀升，是川买中了这只股票斩获暴利。在 1982 年的富豪榜中，是川超过大正制药的上原正吉和松下电器的松下幸之助等富豪榜的常客，荣登第一名，成为拥有日本首富头衔的传奇投资家。

当时是川银藏 85 岁，他在仅仅半年的时间里就创造了 200 亿日元的资产。

正是这个是川，在其著作《一代投资家》中，对诚备集团的加藤暠批评道："我在六十多年的投资生涯中曾经遇到不少人，这当中我最厌恶的就是没有正义感的人，那种损人利己的人是我最讨厌的。"

他还回忆说："当他们的资金链开始出现困难时，他们好几次约我见面，简而言之就是企图将我拉入他们的投资团队以挽回败局。"据说就是在这个时候，是川下定决心要发起对诚备集团的挑战。

是川利用信用交易对诚备集团所购买的股票做空，无论是石井铁工所、日立精机还是 RASA 工业，是川将诚备集团所持的同种股票进行了空仓抛售，数额从几万到几百万股不等。是川在这次做空中大获全胜，在短期内获利 60 亿日元，而诚备集团在这次投机战中溃不成军，从此失去了翻身的机会。

对诚备集团加藤的批评，体现出是川作为一个在兜町身经百战、不折不扣的投资家的自信，同时这也是他的遗言。

1981 年 2 月 16 日，加藤暠因为违反所得税法被东京地方检察厅特别搜查部逮捕。诚备这个投机集团也猝不及防地分崩离析。不过按照 1988 年东京地方法院的判决，对加藤的主要起诉事实都被驳回，因此加藤实际上是无罪的。

加藤在审讯中没有供述任何顾客的名字，无论他们是政治家、经济要人、黑道人物还是名人。他没有给客户们添任何麻烦，与股市的结果相反，加藤从另一个角度获得了大家的好评。

加藤到底如是川银藏所言，是一个品性卑劣到极点的小人，还是一个不折不扣地贯彻"商道"的人？在投资的世界里，加藤是一个以弱抗强的人。他既是买手也是卖家，股市对他的评价长期以来也是褒贬不一。在其后 30 多年的时间里，加藤仿佛幽灵一样偶尔现身又悄悄离开。2015 年 11 月 17 日，东京地检特搜部以违反《金融商品交易法》的嫌疑，逮捕了加藤的妻子与长子。当时其长子已经从东京大学数理科学系博士毕业，担任大阪大学数理金融专业的助教。由此可见，东京地检特搜部对于加藤暠这个人相当执着。

从 20 世纪 70 年代后半期至 80 年代初期，这是一个投机集团如雨后春笋般出现的时期。比如糸山英太郎囤积、抛售读卖新闻集团实际上的资产管理公司读卖乐园的股票，以此获取厚利；摄像销售集团接收了由是川银藏所操盘的不二家的股份，并从股份转让中获利。各色投机者在兜町各显神通，一较高下。

情况从 20 世纪 80 年代中期开始发生转折，转折点就是中江滋树主导的投资期刊事件，这个事件已经不配被叫作投机，完全就是一个欺诈事件。以该事件为契机，日本颁布了《投资顾问业法》，规定投资顾问公司实行登录制。投机集团从此失去了活动空间。

毫无疑问，特别报告股制度使得追逐名利的投资家们不能再把股市当作胡作非为的舞台，也摧毁了股市特有的那种无法言喻的"龙争虎斗的市场氛围"。证券公司云集的兜町地区被尊称为"兜町"[1]的时代由此宣告终结。

仅在日本国内运营的封闭股市也由此宣告终结。兜町所处的环境发生了快速变化，海内外各方要求全球化、自由化的呼声日益高涨。

---

1 原文写作"兜町"，读作"シマ（shima）"，意为岛。这种称呼源于兜町的地形。

3 被迫推行里根经济学

1979 年夏，美国的杂志《商业周刊》发行了一期以"股票之死"为题的特刊。从 20 世纪 70 年代中期以来，美国的股市长期处于低迷状态。专题发表之时股市仍然毫无起色，因此杂志社将这种状况称为"股票之死"，以此来敲响美国资本主义危机的警钟。

20 世纪 70 年代初期，以被称为漂亮 50（nifty fifty）的大型优良股为中心的股票交易非常活跃，股市因此也呈现一派繁荣景象。1973 年，道琼斯 30 种工业股票平均价格达到 1052 美元的最高值，可是到 1974 年下跌了将近一半。其后道琼斯平均在 500 美元至 1000 美元的价格段内摇摆。进入 20 世纪 80 年代，也没有突破 1973 年创下的最高值。

讽刺的是，《商业周刊》发布警告后不久，美国的股市开始进入长期上涨的局面。

20 世纪 80 年代席卷世界的金融自由化，以及与此联动的全球股市高涨，这些经济变化毫无疑问都与全球化有着密切联系。

所谓全球化是指人员、货物、资金跨越国境流动的现象。过去，首先是人口流动，然后是物资流动，最后是资金流动。但在信息社会，这个顺序发生了改变。首先是资金流动，然后是物资流动，最后才是人口流动。正是这样的时间差引发了各种各样的矛盾，最终导致泡沫经济产生。

英国学者苏珊·斯特兰奇在其著作《赌场资本主义》中第一个准确指出，20世纪80年代以后，造成世界范围的社会不安的要因在于资本主义的构造。

斯特兰奇在《赌场资本主义》的开篇就质问："国际金融体系变得与赌场非常相似，这其中到底暗含了何种深刻的问题？"在这个疑问的基础上，斯特兰奇进而描述了赌场金融的特征，认为"与可以自由出入的一般赌场相比，以金融为中心的世界赌场的不同之处就在于，我们总是迫不得已地被卷入当日的赌局中"。又说道："在金融赌场，任谁都会沉溺于'双六'游戏。投出一副好骰子，巨大的好运将从天而降，否则就认输出局。一切全凭运气。"

她在书中还写道："现在的混乱……几乎是在1971年以后的15年间迅速产生的。"这些混乱"导致关联着世界经济体系运作的几大基础核心同时受到影响"，而通货、通货膨胀率、利息率和石油价格就是这些基础核心。

那么，这种国际金融体系是从何时，又是如何开始腐朽的呢？斯特兰奇认为，在世界"从悠闲的20世纪60年代向悠悠球般上下起伏的20世纪七八十年代转变的过程中，1973年就是这积年宿疾如雪球般越滚越大，并开始具有破坏力的转折点"。

1973 年，美元贬值，美元由固定汇率制改为由市场决定的浮动汇率制。1973 年也是第一次石油危机发生，石油价格大幅上升的年份。同时，石油价格大幅上涨的后果就是发展中国家为了解决巨额的国家财政赤字问题，"为经济发展与持续消费提供资金，不得不加强对银行的依赖"。

国际金融体系的脆弱化

1971 年 8 月 15 日，美国的尼克松总统单方面宣布，停止美元兑换黄金（尼克松冲击）。"二战"后的国际金融体制被称为布雷顿森林体系，它规定以美元为世界货币，美元与黄金挂钩，其他国家的货币与美元挂钩，实行固定汇率制。这是一个以美国强大的军事、经济力量为基础，各国共同维护货币汇率以推进自由贸易的体系。因此，尼克松总统的决定意味着废除了布雷顿森林体系的根基，即 1 盎司黄金兑换 35 美元的金本位制。

该决定的导火线是日本与联邦德国"二战"后奇迹般的复兴。由于美国的国际收支出现赤字，人们抛售美元抢购黄金，美国政府无法再保证美元能够以固定汇率换成黄金。同时，美元与日元、德国马克的固定汇率也难以维系。这主要是因为，随着世界经济的发展，必要的货币流通量也随之增加，但黄金的埋藏量无法增加，这是一个根本矛盾。由于美元不再与黄金挂钩，因此国际金融政策的制定进入各国弱肉强食的时代。

尼克松冲击发生后，为了维持美元固定汇率制，西方主要国家制定了《史密森协议》，协议规定 1 美元兑换的日元从 360 日元降为 308 日元。

不久后，《史密森协议》也难以维持，1973 年国际货币体制开始由固定汇率制转向浮动汇率制。这使全世界都受到了冲击和影响。这也表明，"二战"以来支配世界经济的美国因为越战而国力衰败，企图把国内的负担与风险转嫁给其他发达国家。由于浮动汇率制的引入，货币汇率的变动不再单单影响政府，而是开始波及企业与国民生活的各个层面。

1973 年，石油危机因为第四次中东战争而爆发，中东石油输出国将原油价格由稳定的每桶 3 美元迅速抬升至每桶 10 美元。这个事件意味着以欧美为中心的资本主义体制开始发生转变，也就是说，世界开始从发达国家独占产业与金融话语权的时代进入由世界各国参与协商的时代。

按照斯特兰奇的说法，石油价格的问题不在于油价高涨，而在于价格从此进入无法预测的动荡状态。这个问题直到现在仍然存在。

苏珊·斯特兰奇的著作《赌场资本主义》出版一年后，1987 年 10 月 19 日，纽约证券交易所突然发生股市暴跌，这就是所谓的"黑色星期一"股灾。10 年后的 1997 年发生了亚洲金融风暴，大约 20 年后的 2008 年又发生了由雷曼兄弟事件引发的全球金融危机。2016 年则由于中国经济停滞、石油价格下跌引发资源国家恐慌，这些正是诱发世界经济动荡的新的不安要素。

苏珊·斯特兰奇早在 20 世纪 80 年代中期就犀利地预测，全世界的资本主义将随着金融的发展逐渐溶解。这个观点具有惊人的前瞻性。正如马克思对 19 世纪资本主义进行了深刻的剖析一样，苏珊·斯特兰奇也对 20 世纪后半叶的全球化金融资本主义提出了看法。

斯特兰奇认为，金融体系自身所内含的风险，即"系统性风险"其实源于市场与国家的力量的不均衡，并且指出，随着全球化与技术革新的加速发展，在这个时代，金融操作先于管理机构已经成为常态。这个时代也是一个推陈出新的时代，金融管理机构意想不到的金融交易方式与新型信用手段不断地"被发明"。它们就是资本主义所内含的风险，充满变数。

从里根经济学中诞生的"金融自由化路线"

在这种脆弱的国际金融体系下诞生了"里根经济学"和"撒切尔主义"。无论是 1979 年在英国诞生的撒切尔政权，还是 1981 年在美国诞生的里根政权，它们都不约而同地选择了走"小政府"路线，这是一种以市场经济为基础，在政治上标榜保守主义的政权运作方式。

在经济政策方面，"二战"后，特别是 20 世纪 60 年代，美国的经济政策都是在凯恩斯主义的指导下制定的。后来，以米尔顿·弗里德曼为代表的芝加哥学派所主张的货币主义逐渐成为美国经济政策的指南针。

在思考 20 世纪 80 年代世界形势转变或泡沫经济问题时，如果只是单纯地从二元对立的角度来看问题，比如是选择凯恩斯主义还是货币主义？是选择保守主义还是自由主义？是选择全球主义还是闭关锁国主义？那么极有可能误判情势。

里根经济学本来应该是重视市场原理与民间活力，以缩小政府管理权限为目的的"小政府"政策，但实际上是削减社会保障支出，通过增大军费开支来增加政府支出，同时给予富裕阶层大幅减税优待以刺激经济发展的政策。经济学者伊藤修早就一针见血地指出："里根经济学声称反对凯恩斯主义，但减税与增加财政支出是典型的凯恩斯主义式的消费刺激手段。"这个指责非常正确。为了抑制停滞性通货膨胀（萧条下的物价上涨），里根经济学一开始就明确将美元升值政策作为前提。

里根总统诸多破天荒的政策被认为是建立在供给侧经济学的基础之上。不同于以需求方为着力点的凯恩斯主义，供给侧经济学以供给方为着力点，主张通过减税与规制缓和来增强供给侧的力量从而刺激经济发展。其理论依据是拉弗曲线。

拉弗曲线由阿瑟·拉弗提出，他认为"最佳税率"可以使税收实现最大化。当税率在最佳税率以下时，提高税率能增加政府税收，但超过这一限度时，降低税率反而能增加政府的税收。许多经济学者认为，这个假说完全没有学术依据。在1980年美国大选共和党候选人的争夺中，乔治·布什（老布什）就曾将里根经济学称为巫术经济学，对之进行了猛烈批评。

经济学是否是巫术这个问题并不重要，毕竟政治干预的政策总是包含着巫术般的要素。里根经济学的真正问题在于，作为美国的国内问题受到关注的里根经济学在全球化与金融化这个大背景下实际上与世界性风险息息相关。可谓牵一发而动全身。

里根大胆的经济政策，虽然使美国的经济规模有所扩大，但同时也加大了国家贸易赤字与财政赤字，形成"双赤字"的局面。

里根经济学的最大意义在于，经济学失去了其独立性，经济学与政治学盘根错节、紧密牵连的政治经济学时代由此拉开序幕。而里根也把自己标榜的政治经济学作为一种意识形态向他国输出，并强迫他国接受。当时，英国撒切尔政权以新保守主义的市场主义为旗帜同样进行了改革，里根经济学与撒切尔主义作为盎格鲁-撒克逊式的资本主义的两种模型，日本与联邦德国被迫以它们为参照系来进行国家改革。

1982年11月组阁的中曾根康弘政权就以此为样本，自觉地推行了相关改革。更准确地说就是，如同战后日本对驻日盟军总司令部的政策所采取的对策一样，中曾根首相表面上接受了美英的这一套制度与思想，但实际上企图对其内容进行脱胎换骨般的改造，使其最终成为日本模式。对制度与思想的接受其实也意味着对市场全球化所带来的高风险的接受。对于这一点，我认为包括中曾根在内的政治家们和经济界的领导者们并没有足够的思想准备。这也是现在安倍晋三政权所面临的问题。

从1982年11月至1987年11月为止，持续了三届的中曾根内阁碰巧与里根执政时间重合。在他的任期上，两国领导者之间互以昵称相称，彼此结成了亲密的政治友好关系。美日同盟货真价实地得到强化。

因此，对于中曾根政权来说，接受"里根经济学"是理所当然的事。因为"里根经济学"不仅是里根的政治经济学，也是他的信仰。中曾根所接受的与其说是里根政治经济学，不如说是政治、经济与军事三位一体的时代里，美日同盟的新篇章。

日本 1980 年的汽车产量和 1981 年的动态随机存取存储器（DRAM）产量都先后超过美国成为世界第一。这种"日本第一"的经营方式备受称赞，同时日本也开始被美国视为劲敌。其中，特别是日本封闭的资本市场与金融市场受到海外的猛烈批评。实现金融自由化与缩小贸易黑字成为日本面临的课题。

1983 年 11 月，里根初次来访日本。日美之间就上述问题进行了讨论。日本终于下决心要加速实现金融自由化。1984 年 5 月，政府将相关方针总结为：①高额存款的利息自由化；②废除外币兑换日元的限制；③允许外国银行单独参与日本的信托业务。

苏珊·斯特兰奇于 1996 年出版了《国家的退场》，于 1998 年出版了《疯狂货币》，在对金融资本主义全球化日益忧心的情形下，于 1998 年去世。斯特兰奇在《赌场资本主义》的最终章"冷却赌场"中写道："对因发生故障而失控的金融体系进行管理并使其稳定，这是一个世界性课题，但具体的解决措施各国并不同。"

这仿佛在说，当全球性泡沫经济发生时，没有有效的方法能够将其遏制住。

4 被大藏省粉碎的"野村摩根信托构想"

1983年7月5日是泡沫经济的前夜，也是金融自由化的前夜。在漫长的记者生涯中，我首次也是最后一次在《日本经济新闻》抢发头条。这真是一次刺激而又奇妙的经历。

当日头条的内容如下："世界最大的信托银行摩根银行与野村证券达成协议，将共同在日本设立信托公司，两大公司已经在协议草案上签字，并已经向大藏省提出了许可申请。这是战后日本首次尝试依照信托业法设立信托公司。"

这可以算是爆炸性新闻。虽然在金融资本市场，承担间接金融业务的银行与承担直接金融业务的证券公司经常发生冲突，但在金融资本市场迅速成长壮大的是被称为第三领域的承担资产运用与管理的信托业。在世界市场，许多金融机构都在为获得该领域的话语权而一争高下。其中摩根银行被公认为实力最强。摩根银行是金融财阀摩根集团的银行部门。

在日本，只有信托银行和生命保险公司才有权管理运用退休金，无论是国家工务人员还是企业职员的退休金都是如此。随着日本渐渐步入老龄化社会，很明显，养老金市场发展潜力巨大。

世界最强的摩根银行为了打入这个市场，正式准备参与日本的信托业务。但是它选择的合作伙伴既不是信托银行或生命保险公司（虽然只有它们才享有管理运用退休金的权力），也不是日本兴业银行（它被认为与摩根财团的关系最为紧密），而是野村证券这家被大藏省与兴银轻蔑地称为"股票屋"（买卖股票的小店铺）的证券公司。这是大藏省这个金融行政部门无论如何也无法想象的战略。

实际上从1982年9月开始，野村证券集团与美国的金融财阀摩根集团就已经开始秘密地推行共同在日本设立信托公司的计划了。1983年6月，摩根银行的普雷斯顿董事长与野村证券公司的村田宗忠董事长共同签署了基本协议草案。

当时正是美国里根政权向日本政府施压，强烈要求开放日本金融市场和实行金融自由化的时期。1983年秋，里根总统访日，坊间就已经预想里根总统会就金融自由化问题提出强烈要求。实际上从当年年底开始，两国政府成立了"日美间日元美元委员会"来推动相关工作的进行，日本金融自由化拉开了帷幕。

面对美国的强烈要求，被迫应战的中曾根康弘首相与竹下登大藏大臣苦苦思考，到底应该以什么来作为开放政策的头炮。他们对此所抱有的危机感与大藏省的官员们的想法有本质区别。这就使得野村证券有机可乘。同时野村证券公司的田渊节也总裁也与中曾根首相关系亲密，再加上野村证券的投资顾问，兼任此次信托公司策划负责人的相田雪雄董事长也与竹下登是校友，他们曾在战前的早稻田高等学院一起学习。

野村证券公司的目的就是，在里根访日之际将信托公司的组建协议上交有关部门，借此突破保守的大藏省官员的严厉审核，并一气呵成地促使协议草案得到政府批准。

当初，我们打算在里根访日时将这个消息作为爆炸性新闻公布。摩根银行的董事长普雷斯顿与野村证券公司的董事长村田宗忠于6月15日达成合作协议草案，他们在达成协议的前一天，也就是6月14日已经同竹下藏相（藏相等同于财政部部长）会晤，向他说明了信托公司的设立计划，而且已经提交了相关材料。但那之后情况却急转直下。

我得到明确消息说为了粉碎这个构想，大藏省的官员们已经开始了行动。于是报社在7月4日晚决定刊登上述爆炸性新闻。我也对摩根银行与野村证券的协议进行了确认，并向野村证券的田渊总裁和竹下藏相核实了相关情况，在此基础上完成了新闻报道的原稿，这可算是一次完美的新闻抢发稿件。

消息一经刊发，信托银行的当家人——住友信托银行总裁樱井修曾悄悄派人传话给我说："想了解详情。"当听完事情的前因后果，他自言自语地反省说："我想对摩根与野村构想的信托公司致以敬意。在大藏省的指导下，我们这些信托银行处理着贷款信托、金钱信托等类似信托的金融商品，却在不知不觉中忘却了真正的信托为何物。"

另外，日本兴业银行的常务董事中村金夫（后来成为银行行长）也叹息说："我们一直以来深信摩根如果要进军日本，当然要同兴业协商。本次事件令我们震惊，其留给我们的最大教训就是，我们终于了解到兴业的时代已经过去了。"

一流人物，哪怕是面对与自己利益冲突的问题，也能够看清事物本质，给出明智清晰的回答。上述二人就是个中代表。但这二人后来都被迫退居了二线，樱井是因为里库路特事件，中村金夫则是为了承担东洋信金事件的责任（东洋信金事件与尾上缝有极大关联）。

与他们二人相比，大藏省的反应颇为不同。当时任银行局局长的宫本保孝于1996年回忆此事时说道："我印象最深的就是野村、摩根共同设立信托公司的构想。1983年6月摩根银行的董事长普雷斯顿与野村证券公司的董事长村田宗忠来大藏省拜访竹下登藏相。他们的目的就是为了向竹下藏相说明在日本设立信托公司的计划。这对我们（大藏省官员）来说仿佛晴天霹雳。"

日本的信托业务一直以来只有七家专门的信托银行与大和银行有权经营。宫本也承认："退休金信托一定会成长为资产运用业务的巨大市场，从这个意义来讲，他们的协作计划可谓是独具慧眼。"但他又批评说："与藏相见面，直接提交协议草案讨价还价的做法未免蛮横。"

那么，对野村证券公司与摩根银行来说，他们除了直接向竹下藏相进谏以外，还有别的方法吗？

宫本认为："这起事件从根本上动摇了战后40年以来日本的金融制度，在连利息自由化都还没有提上议事日程的时期，突然抛出关乎制度的问题，终究是连讨论的余地都没有的。"

尽管野村证券公司与摩根银行的合作协议本来就是大藏省

不打算许可的"案例"，但官员们还是假装出一副正在考虑的姿态，一旦当事者越过他们直接与他们的顶头上司交涉，他们又做出了过度敏感的反应。这就是一出典型的"狗官"欺负"农民"的好戏。

野村与大藏省银行局的长期对立

对"信托"公司的执着从战前就已经渗入野村财阀的血液。战前，野村财阀的创办者野村德七凭着一腔热血创办了"野村信托"公司，并建立了自己的信托业务范围。

战后在大藏省的指导下，野村的信托业务由大和银行（战前的大阪野村银行）接手承担。

大藏省官员与野村证券公司在信托业务上的对立使大藏省的银行行政管理层尝到了前所未有的屈辱。1954年，大藏省施行了信托分离政策，也就是说，原则上禁止银行在承办普通业务的同时兼营信托业务。这也是大藏省对银行施行专门化、细分化政策的最后一环。

大和银行在行长寺尾威夫的领导下，坚决拒绝了大藏省的方针。他们主张，就算信托分离政策属于行政命令，具有一定规范作用，也并不具有法律效力。

此后在一段相当长的时间内，虽然接受大藏省的管理监督，但大和银行对其行政指令一直说"不"。结果持有开展信托业务资质的只有专门承办信托业务的信托银行和大和银行。这个奇怪的体制在1955年生效。对大藏省来说，这是一个至今也难以启齿的巨大屈辱。因此,大藏省在各个方面都对大和银行进行打压。

继承野村财阀的遗志,在战后继续经营证券业务的就是野村证券公司。在野村德七以后,野村证券的后继者们也一直保持着对信托业务的兴趣。

野村集团对信托业务的热忱促使它于1955年设立了完全由自己掌控的"东洋信托银行",但野村证券的满腔热忱被大藏省银行局一盆冷水浇灭了。经过一番迂回曲折,三和银行、神户银行、野村证券于1959年共同组建了一家新公司。虽然新公司成立之初诸事繁忙,但野村证券还是非常慷慨地将公司的年轻精英派往新设的东洋信托银行,也将东洋信托银行的总部设在位于日本桥的野村证券大楼内,将其与野村证券公司同等对待。野村证券对东洋信托的支持持续了很长时间。

这些行动都展现了野村证券对开展信托业务的坚持。

相田雪雄曾经回忆道,对野村证券来说,"对信托业务抑或是对信托公司的执着已经融入血液"。他们期望借此在日本金融界确立"信托公司"这一概念,同时意气风发地期望以此来"撼动僵化的日本金融行政"。

作为野村证券的国际事务主管,相田后来升任副总裁,参与了该公司所有国际战略的策划与执行。他与同期的当时担任野村证券总裁的田渊节也在为人处世上截然不同。但在对待信托的热忱,以及野村、摩根的信托公司构想上,两者的见解完全一致。

如果从相田发言的字面意思来理解,他的主张就是,1955年以来大藏省施行的信托分离的银行管理政策在本质上是个错误。他认为,信托业务是信托公司的业务,大藏省不应该将其当作银行的相关业务纳入自己对银行的行政指导范围中。

野村证券公司与摩根银行合作的新闻被报道后，大藏省对此却不可思议地三缄其口，仿佛这个申请已经被束之高阁。在大藏省的彻底否定与诱导下，采访的记者们很少有人能够看破事情的本质。大藏省这种坚决拒绝的姿态阻碍了对问题进行公正、透明的讨论。对采访此事的媒体来说，能够获得的唯一消息大概只有不时传入耳际的银行局干部的自言自语。内容无非就是"绝不原谅野村证券"之类的狠话。

到了1983年的秋季，美国财政部向日本政府强烈要求，依照日美两国互惠主义的原则承认野村证券公司与摩根银行共同筹建的信托公司。当时日美两国已经决定，在11月里根总统访日后将设立"汇兑-金融资本市场委员会"（这是一个临时使用的名字，后来改名为"日美间日元美元委员会"）。大藏省将大场智满财务官派往美国进行暗中交涉，企图以在该委员会中允许个别外国银行加入日本的信托业务的方案，来代替野村-摩根的协议草案。

野村-摩根的协议草案问题发展成了日美之间的政治问题。1984年4月，宫本银行局局长前往野村证券公司，只对公司总裁田渊节也通报了"协议草案不被批准"的结果。同年5月，大藏省公布决定：①高额存款的利息自由化；②废除外币兑换日元的限制；③允许外国银行单独参与日本的信托业务。以此来缓解美国的批评。

接着，1986年，《投资顾问业法》颁布。政府允许投资顾问可以在资产运用方面，依照顾客的全权委托处理其资产投资业务。这就催生了许多资产运用专家，他们既不属于信托公司，也不属于生命保险公司，而是凭借顾客的全权委托进行业务操作。此后，投资顾问慢慢地获得了运用国家公务员的退休金和企业职员的退休金的权利。外国公司也获得了参与该业务的许可。

信托银行后来慢慢地获得了批准，得以在日本国内展开信托以外的其他业务。泡沫经济破灭后的 1993 年，野村信托银行的设立终于获得许可。

正是因为大藏省坚持不承认野村-摩根的共同信托公司，换言之，正是因为大藏省一心要将野村证券排除在外，所以才使外资银行有机会参与日本的信托业务。甚至《投资顾问业法》这部承认投资顾问公司有权对顾客资产进行全权代理的法律，也因此得以在大藏省预定的计划日程前提前实施。

就打破僵化的银行行政、加速金融自由化而言，野村-摩根的合作构想确实发挥了巨大的作用。同时，大藏省也因此同野村证券公司结下仇怨。

我至今仍然记得大藏省的狠角色，后来成为大藏省次官的山口光秀对我说过的话："野村证券太放肆了。"

国债化与国际化 [1]

进入 20 世纪 80 年代，野村证券迅速成长壮大，大藏省和

---

1 本处作者用"二つのコクサイ化"做了幽默的描写，因为日语的"国际"与"国债"的发音完全相同，但在中文中不具备这个条件，所以翻译时只好舍弃这种幽默感。

银行都开始对其警惕起来。这是因为受到国债化与国际化的影响，日本的金融市场自由化在加速进行，越来越多的企业开始由依靠银行的"间接金融"转向通过证券公司直接筹资的"直接金融"。

就"国债化"而言，从 20 世纪 70 年代中期开始，日本金融业"国债化"的趋势日益明显。1975 年以后，日本开始大量发行国债，这是因为受到第一次石油危机的影响，政府的财政赤字扩大，不得不依靠发行国债来缓解收支危机。1975 年，政府的国债发行总额超过 5 兆日元；1980 年，超过 14 兆日元；到了 20 世纪 80 年代后半期，甚至高达 100 兆日元以上。

"六一国债"的大暴跌是金融走向自由化的决定性契机。当时由于美国短期利率的急剧上升，日本的法定利率从 1978 年 3 月的 3.5% 急速攀升至 1980 年 3 月的 9.0%。因利率为 6.1% 而得名的六一国债于 1979 年 2 月上市，是发行总额为 9 兆日元的巨额国债。受法定利率的影响，其到期收益率从发行时的 6.78% 一路涨至 1980 年 4 月的 12.4%，其市场价格则由当初的 100 日元跌至 74.45 日元。

通常，按照固定条件发行的国债应该由日银或者其他银行来消化，但这一次，面对如此巨额的国债，它们再也无法承担如此重任。在大量发行国债的时代，必须依靠市场来消化国债。而要促进市场对国债的消化率就必须使国债的利率与市场的变化同步，同时还要缓和对买卖国债的限制，允许国债发行条件多样化。这才是真正的金融自由化。

大藏省在战后一直试图维持日本金融体制的金字塔体系。

它们把长期信用银行与都市银行放在这个体系的顶点，同时又把本应由信托公司承担的职能转让给信托银行承担，并因此将其纳入银行行政管理对其进行管辖。最糟糕的是，在大藏省的管理下，行业的长短期利率都比实际市场基准低，加上它极力限制新机构加入市场，金融机构便不可能破产。六一国债问题反映了战后日本金融体制的问题所在，同时也意味着大藏省再也无力维持银行不会倒闭的神话。

以六一国债暴跌为契机，市场也发生了新变化。1973年，东京柜台交易市场的债券交易额仅为20兆日元多一点；到了1985年，增加到2160兆日元，其中国债交易额占总额的80%。国债的大量发行催生了债券交易市场。

20世纪70年代，日本金融业的第二个趋势为"国际化"。

从20世纪70年代中期到20世纪80年代中期，随着日本国力的增强和外汇交易自由的实现，日本的资本市场急速走向国际化。特别是80年代末政府修改《外汇以及外国贸易法》实现外汇交易自由化，成为日本走上国际化道路的里程碑。1975年外国对日本的债券投资和日本的对外债券投资仅为数亿美元，由于外汇交易自由的实现，到了80年代初期，其规模变为原来的十倍，高达数十亿美元。

正式发行日元计价外债可算是日本金融市场国际化的标志。1977年，日元计价外债的发行总额为4500亿日元，这个数字已经超过过去所有年份的总和。1985年，该数额甚至超过1兆日元。同时"可转换公司债券""附认股权证公司债券"的发行额也急剧上升。1975年，可转换公司债券的发行额仅为1000亿日元；

到了 1984 年，这个数额已经超过 1.3 兆日元。

由于受到国内债券发行的各种限制，公司企业纷纷同代理发行债券公司合作，在自由的海外市场意气风发地筹集资金。但银行也有银行的路子。它们与证券公司的业务范围在《证券交易法》第 65 条中有所规定。但该规定存在漏洞，因此银行也利用这些漏洞在海外积极展开证券业务。以海外市场为舞台，银行与证券公司在证券业务上一争高下的时代拉开了序幕。

企业通过在海外发行附认股权证公司债券，以及在国内外发行可转换公司债券，渐渐减少了对银行的依赖。这个时代也是企业自身为了争取有利的债券发行条件与资金运用，开始在理财技巧上进行钻研摸索的时代。

进入 20 世纪 70 年代后，由于时价发行增资的兴隆，持股成为一般社会现象，野村证券公司的存在感也日渐强烈。从 20 世纪 70 年代后半期到 80 年代前半期，野村证券公司的势力变得更为强大，野村威胁论在日本的银行中开始流行，这其实是一种夸大野村证券公司实力的论调。

就是在这样的背景下，野村-摩根的信托公司构想开始浮出水面。在这个被看作金融资本市场的第三领域而备受关注、前景大好的市场，对于通过政治权力强行闯入的人，大藏省官员的态度非常明确。即使竹下藏相从日美友好的大局出发对该信托公司的构想持许可的态度，但敌不过大藏省银行局，或者说战后日本银行行政体系的反对。

1984 年 4 月末，相田雪雄从大藏省的银行局审议官行天丰雄（后来被称为日元先生，是日本著名的财务官）那里得知，大藏省的最终决定是"不承认野村–摩根共同信托公司的设立"。行天是大藏省的国际派，也是唯一表示对该构想持理解态度的大藏省官员，但他也只能爱莫能助地发出这最后通告。

1984 年 6 月，相田去到纽约的摩根总部，向普雷斯顿董事长与韦瑟斯通副董事长说明了详情，并正式告诉他们计划失败。在他们的会谈中，相田提问道："（在世界金融革命的大潮中）摩根银行今后将着重发展信托、证券、银行业务的哪个领域呢？"韦瑟斯通副会长的回答是："我们既非银行，也不是证券公司，我们就是唯一的摩根集团。"他的斗志与气概给相田留下深刻印象。相田再次为选择了这样的合作伙伴而深感自豪，当然，也为摩根这种不受日本金融行政体系的烦琐框架拘束的自由组织形态而感慨万千。

当时可谓是泡沫经济的前夜。如果野村证券公司与摩根银行合作的信托公司能够成立，那么在泡沫经济的时代，信托银行会有何动作呢？而对于特定金钱信托（简称"特金"）与指定金外信托这些涉及信托银行的理财产品，大藏省又会如何处置呢？

20 世纪 80 年代后半期开始，信托银行利用信托业务的机制，通过特金对来自投资顾问公司、证券公司与生命保险公司的委托资金进行投资运用，这是信托银行的主要收入来源之一。同时信托银行还开发了指定金外信托，运用各种理财技巧对顾客委托的资金进行投资运用。这也加速了泡沫经济的发展。

后来证券公司自己也开发了"营业特金"，通过保证收益率获得了许多合约。信托银行的指定金外信托也与此相同，几乎都是通过保证收益率来诱使客户签约。所以在泡沫经济破产后，他们都蒙受了巨大损失。

1980年，大藏省承认了账面价值分离[1]的企业财务评价方法。这催生了特金和指定金外信托。那是一个重视理财技巧而非资产运用的时代，从这个意义上讲，信托业务才是那个时代的象征。信托银行制造出特金、指定金外信托等金融产品并不断地向社会出售，直至泡沫经济破灭为止。

---

1 账面价值分离是指，投资公司通过特定金钱信托或者指定金外信托对资金进行运用时，该公司自身所保有的有价证券与投资信托的有价证券区别开来，进行不同的账面价值评价。这是一种鼓励企业购买股票的税收优惠措施。

5 孤军奋战的金融改革以失败告终

战后日本的金融行政管理被称为"护送船队方式"。这种方式保障金融机构绝对不会倒闭，但它们也必须从上到下接受大藏省的领导，因此大藏省权倾一时。同时大藏省还拥有编订国家预算的权力，因此相对其他政府部门占尽优势。

曾经的大藏省不仅手握重权，同时还是个上下一心的团结组织。虽然不知这种状态持续了多久，但毫无疑问，20 世纪 80 年代的泡沫经济时代是其转变的开始。20 世纪 80 年代上半期，就在泡沫经济爆发之前，大藏省内部的分裂首次露出端倪。

当时大藏省有一个名叫佐藤彻的官员。他于 1983 年 6 月就任证券局局长，1985 年 1 月，他因为肝癌去世，年仅 53 岁。虽然在任仅短短一年半，但他的工作表现可谓令人惊叹。

1983 年 4 月银行开始在柜台贩卖国债，第二年又全面开展了国债的销售业务。随着银行与证券公司之间攻防战的加剧，对其二者做出界定的《证券交易法》第 65 条越来越难以明确它们之间的界限。

1983 年 11 月，里根总统访日，在同中曾根康弘首相的会谈中，他们达成设立"日美间日元美元委员会"的协议。在此之后，美国财政部长里根与竹下登藏相会谈，他们决定成立"日美共同日元美元兑换率与金融资本市场问题特别会合作业部会"，这个名字可真是冗长啊！由此，美国期望与日本共同协调日美之间的汇率，同时迫使日本在金融自由化问题上做出根本变革的打算一目了然。半年后的 1984 年 5 月，日美之间制定协议条款，正式成立"日美间日元美元委员会"，由竹下藏相与里根财政部长共同担任议长。

该协议条款实际上由上述特别会合作业部会制定，而日本方面的代表是财务官大场智满，同时佐藤彻作为证券局长也参与了策划。

佐藤彻审时度势，在国际化的潮流中，他所推行的不是以银行局管银行、证券局管证券这种按照行业各司其职的方法进行的行政管理，而是执行"市场行政管理"，即根据市场要求来管理银行与证券业务。

他在证券局内公开宣称要把证券局变成"资本市场局"，还在局内的部分场所挂上"资本市场局"的牌子。虽然证券局在大藏省的地位随着证券市场的发展慢慢有所提高，但绝不是权力部门。它位于主计局、主税局、理财局、银行局、国际金融局之下，与关税局的地位相当。

1964 年 6 月，在当时的田中角荣首相的提携下，大藏省的理财局证券部被升格为证券局。自从证券局诞生以后，大藏省再没新设任何部门。金融业的行政主管部门是银行局，它在大藏省的地位很高。银行局与证券局的差距，就类似于在金融业上银行和证券公司的地位差别。小小证券局居然把对市场的行政管理挂在嘴边，因此当时也被人批评为"不知天高地厚"。

但佐藤的意志很坚决，他把组建"资本市场局"作为证券局的最大政策目标，提出了"解决三局合意问题"与"公司债券无担保化"的主张。

所谓的"三局合意"，指的是1974年大藏省的银行局、证券局和国际金融局达成一致，禁止已经在某国设有分店的日本的银行同时在该国设立现地法人。当时，银行在盈利能力与维护顾客关系的方面具有压倒性优势。如果允许银行在当地设置证券法人，那么银行极有可能摆脱大藏省的管理，按照当地的法律自由地承办证券业务。三局合意的规则就是为了防止此种事态的发生，同时也可以保护证券公司顺利在海外开展业务。

随着资本市场的国际化，银行与证券公司之间经常短兵相接且越战越烈。同时，住友银行也通过收购瑞士的圣哥达银行摆脱了来自三局合意的束缚。多样化的证券市场参与形式得到广泛展开，银行也请求废止三局合意，诸多情势使三局合意变得有名无实。

对佐藤来说还有一个当务之急，就是协同银行实现公司债券无担保化。当时，日本的银行业以兴银为顶点。兴银通过被称为八行会的债券受托组织来处理公司债券业务，他们按照"有担保主义"原则展开工作。八行会握有批准公司债券公募发行的权力。它是银行在证券业务中占据优势地位的象征。大藏省也利用其手中权力，让八行会在许多政策执行工作中成为渠道。

就公司债券的担保来说，就算有工厂财团等名目的担保物权，最终也还是要归结到对地价的评估上。无论是直接金融还是间接金融，"有担保主义"其实就是土地本位制的别名。

而佐藤也很清楚，如果要对日本的金融体系进行改革，就必须对这个土地本位制动刀。

在证券业，特别是对由野村证券推行的无担保公司债券的这股潮流，八行会一向持反对态度。随着国际化的发展，八行会已经无力阻止这股时代大潮。所以，大藏省银行局和以日本兴业银行为顶点的银行体系只能致力于尽量掌控它的行进节奏。

要发行无担保的公司债券就必须接受评级公司的"评级"考察，按照考察结果来决定公司债券的发行条件（利息）。当时，穆迪和标准普尔是世界最具公信力的两家评级公司。而日本则有"日本公社债研究所"，它是以日经为中心的机构，按照自己独立的标准开展业务。

佐藤的构想就是设立一家完全由日本主导的评级公司，这家公司主要由证券业与间接金融的领头羊即长信银三大行和七家都市银行参加。这是一个颇具日本特色的对评级公司的构想，佐藤认为如果没有势力强大的银行协作，那金融自由化将寸步难行。

兴银摇身变为"投资银行"

无论是废止三局合意，还是联合证券行业与受托银行设立评级公司，光凭大藏省的力量无法对国内的既得利益进行调整。要达成目的还必须通过日美间日元美元委员会施加来自美国的压力。同时，只要证券局还站在维护证券公司的立场上，就无法推动计划前行。因此佐藤虽然是证券局长，却奔走于各银行的首脑之间，以说服他们赞成金融自由化。

佐藤最大的目标是兴银，它领导着八行会，实际上代替大藏省操纵日本的证券发行。因此佐藤真正的目的就是，将兴银从根本上改造为日本型的投资银行。

佐藤反复与兴银的行长中村金夫会面，二者一直在暗中进行商谈。佐藤与中村的会谈内容简要说来就是，为兴银成为"证券公司"开辟路径，从而使得兴银可以与野村证券公司在同一个舞台一决高下。兴银成为"投资银行"的捷径，就是抛弃日本型的"银行"这个头衔成为证券公司。否则，证券局长佐藤无法在其权限范围内干预此事。佐藤知道，只要此事在银行局的管辖范围内，他就无计可施。

佐藤甚至放话说，只要兴银敢于抛弃"银行"这个头衔，就允许它"在国内外开展所有的证券业务"。

但日本兴业银行这块招牌的分量太重，它于1902年依照《日本兴业银行法》设立，尽管被指责为"战犯银行"，仍然在战后得以延续，并且作为长期信用银行的顶点君临天下。要使兴银屈尊跟一家现存的证券公司成为相同级别的机构，兴银终究还是放不下这个架子。最要命的是，他们无法做出决断与"银行"这个名字决裂，因此交涉无法取得进展。

繁重的公务侵蚀着佐藤的身体。1984年10月12日，新评级机构的设立草案最终完成。其后佐藤的身体日趋衰弱，终于在 1985 年 1 月入院治疗。佐藤一直关心着债券期货市场的成立，直到同月 31 日去世。他在住院时不顾医生劝阻前往京都散心，又品尝了自己喜欢吃的甲鱼。有些亲朋好友认为，他的这些举动其实暗示着他已经知道自己死期将至。

听闻佐藤的死讯，兴银的行长中村金夫仰天长叹："如果他还活着，兴银或许能够找到改革的出路。"泡沫经济时代，当兴银被种种丑闻压得喘不过气时，中村行长也曾后悔地说："泡沫经济前的 1983 年至 1984 年是兴银最后的机会。"

无论是废止三局合意，还是设立新评级机构，这些都随着佐藤的去世化为泡影。特别是随着 1985 年《广场协议》的签署以及泡沫经济时代的到来，主要依靠地价上升来获取利益的银行再也无心认真地对"有担保主义"，即土地本位制进行改革。

1986 年 10 月住友银行与平和相互银行合并，大藏省银行局肯出手帮助这类不良金融机构，却没有为日本的银行在世界金融革命的大潮中描绘任何未来蓝图，甚至连这种念头都没有过。

同期同僚的情谊

佐藤彻展示了强烈的改革意愿，这并不完全是出于其职责的需要和对实现金融自由化怀有的热忱与信念。其实佐藤作为大藏省的官员，和其他大藏省的精英一样，甚至比他们还要保守。

佐藤从东京大学法律系毕业以后于 1954 年进入大藏省工作，先是在主计局总务课，后来一路升任副课长、主查、主计官，终于成为主计局法规课长，是大藏省主计局典型的精英。因为这个职位容易走上从法规课长到主计局长，甚至到事务次官这一不断高升的仕途之路。事务次官为一人之下、万人之上的要职。当时，佐藤也是对这个职位怀有野心的人之一。后来，佐藤被调往证券局总务课任课长，以后又历任关东信越国税局局长和理财局次长，最终成为证券局局长。

在他的同届毕业生中，还有同样从东大法律系毕业的洼田弘。他们两人是好友。洼田在人际关系和职位上都比佐藤更有希望升职为次官。当佐藤自己也意识到这一点时，他退出了竞争。他说："如果洼田有希望，那我将在幕后支援他成为次官。对于从昭和二十九年组（指 1954 年参加工作的这一批同僚）中推举出事务次官这个目标，我并不计较自己在其中扮演何种角色。"

但洼田终究没能当上次官，甚至其他所有的同期同僚似乎都无可能，因为 1983 年的人事变动释放出了这样的信息。

佐藤深受打击，同时也感到憋屈。他曾经一字一句郑重地说："自己这一批人中没有出现事务次官的那种空虚与难过，您能够理解吗？不仅是次官、局长，在所有的行政级别中，我们这批人都在受排挤。"

佐藤将自己的憋屈倾诉给长冈实听，长冈曾经担任过事务次官，被称为大藏省的重镇，也是佐藤最尊敬的前辈。但他被长冈痛斥："彻，你别强出头。"长冈希望佐藤明白，大藏省的人事升迁有它自己的秩序与考量，不能只考虑自己和同期同僚的处境。

于是佐藤决定凭一己之力拿下这个职位。正是在这种想法的驱使下，佐藤以区区证券局局长的身份向保守的大藏省官员们发起挑战，进行了一系列打破常规的尝试。这些挑战大大超过了他身体的极限。

佐藤对兴银的改革构想的下一步其实就是对长信银体制的总体改革。日本长期信用银行与日本债券信用银行都属于长信银体制，它们早已落后于时代，但只有银行局才有权对之进行改革，地位低于银行局的证券局如果插手，极有可能被看作狗拿耗子多管闲事。

因此佐藤必须通过市场来推行改革，换言之，证券局必须要转变成"资本市场局"。在佐藤任职证券局局长期间，毫无疑问外界对他个人的评价节节攀升。坊间传说证券局局长这个职位对他来说是屈才了，以他的能力担任理财局局长，甚至国税厅长官（地位仅次于事务次官）都不足为奇。如果上天再多给佐藤一点时间，这些也不是不可能。但终究还是没有人说佐藤应该成为事务次官。

因为这是一个不符合大藏省组织秩序的梦想。

佐藤同期的洼田弘也是主计局出身，跳过官房长、主计局局长这些职位直接升任理财局局长，最后担任国税厅长官。当然他没能坐上事务次官这个宝座，但他无论在人格还是见识上都出类拔萃，是一个引人注目的人。

后来，洼田的人生备受泡沫经济及其恶果的作弄。洼田在卸任政府系金融机关的副总裁一职后，于1993年担任了日本债券信用银行（现青空银行）的行长兼董事长。当时，由于泡沫经济的破灭，日本债券信用银行因为持有许多不良债权而陷于困境。1999年7月，洼田由于违反《证券交易法》被逮捕。2004

年 5 月，他被东京地方法院判刑一年零四个月。

只要是认识洼田的人都认为这是个有理讲不清的判决。洼田一边忍受这不白之冤，一边向最高法院提起上诉。2009 年 12 月，最高法院驳回二审判决，要求发回重审。2011 年 8 月 30 日，东京高级法院判定洼田无罪。而在这前后，日本长期信用银行（现新生银行）的行长大野木克信也被最高法院判为无罪。

泡沫经济破灭后，日本兴业银行与瑞穗银行合并成为普通银行，虽然国家投入了大量经费对日本长期信用银行与日本债券信用银行予以救济，但它们最终还是成为民间银行。在泡沫经济的前夜，由佐藤彻构想的长信银改革终于以这样的结局落下帷幕。

1998 年 6 月，大藏省的金融行政管理部门独立成为金融监督厅（2000 年更名为金融厅）。而从太政官时代以来一直沿用，甚至在战后 GHQ 的统制中幸免于难的"大藏省"这个名称，也终于在 2001 年被更改为"财务省"。

如果佐藤还活着，如果不考虑大藏省特有的论资排辈，那么最有资格担任第一届金融厅长官的人应该是他。但佐藤一定会说："开什么玩笑！如果不是财务省而是大藏省的事务次官，那我还可以考虑考虑。但如果洼田在，事务次官这个职位还是让给洼田吧！"

2013 年 1 月 31 日，洼田在东京的医院去世。无论是对于同期的人事升迁问题，还是日本债券信用银行事件的不当逮捕问题，他都没有吐露半点委屈，沉默地离开了这个世界。这似乎也算得上官员的必备品格吧。从泡沫经济前夜佐藤壮烈的死，到泡沫经济的发生与破灭，再到洼田的离去，这 28 年的岁月静静地汇入了历史长河。

6 创造并购历史的男人

20 世纪 80 年代后半期，泡沫经济中暴富的"泡沫绅士"飞扬跋扈地囤积企业。但有一个人拒绝同流合污，这个人就是高桥高见。在并购这个概念被日本民众认知之前，高桥打破日本的陈旧体制，推行并购并创造了并购的历史。

我存有一篇珍贵的原稿，该原稿中有我于 1983 年 6 月或 7 月随意写下的文字。它的内容是："日本的首次 TOB，美蓓亚收购蛇目缝纫机，公开收购的代理人为美林证券。"

这条新闻无论是对日本的证券市场，还是对日本企业都具有转折性意义。随着 1971 年《证券交易法》的改订，TOB（take-over bid），也就是公开收购被引入日本。但成功获得企业经营权的公开收购一直也没有实现。

在主银行制度和稳定股东的结构中，不管企业多么希望利用公开收购掌握企业的经营主导权，都不可能以合理的价格取得所必要的股份。这种状况持续了很长时间。特别是在与企业的关系中，无论主银行还是主干事证券公司（股票上市时负责运营的中心证券公司），都扮演着被收购企业的保护者的角色，这就使得敌对性质的收购往往寸步难行。

更何况在日本，本来也没有几个经营者具有勇于打破陈规、不断迎接挑战的企业家精神。

但是高桥高见出现了。作为美蓓亚这个生产微型轴承的小工厂的经营者，他向旧俗发起了挑战。20世纪70年代以后，向来特立独行的高桥备受本行业各方的关注。他不但在日本，甚至在美国与亚洲都积极利用并购战略在当地开设工厂。他企图在日本实现公开收购股份制的初次胜利。高桥选择的对手是蛇目缝纫机工业。

野村证券公司暗地里给予了高桥支持。野村证券公司的总裁田渊节也与高桥是肝胆相照的好兄弟。他也认为，如果要使日本的企业实现经营合理化，有在世界市场与对手一争高下的能力，就必须使正规的并购制度在日本扎根。

面临的最大的问题是，虽然当时野村证券在所有的证券公司中占有压倒性优势，但其实力主要来自执政党的支持，而执政党向来维护经营者。就并购蛇目缝纫机工业这件事而言，如果执政党背叛经营者阵营，站在主动挑起敌意收购的阵营一方的话，那么他们不仅会失去蛇目缝纫机工业的经营者的信赖，甚至可能引来日本所有上市公司的反抗。

当时由于国内缝纫机市场的衰退，蛇目缝纫机工业的业绩长期处于低迷状态。而且它的主银行是埼玉银行。埼玉银行虽然属于级别较高的都市银行，但实力其实仅相当于地方银行中的佼佼者。长期背负着蛇目缝纫机工业这个烫手山芋，埼玉银行的处境也岌岌可危。

高桥进行了周全的准备，在他迂回曲折的攻势下，埼玉银行终于答应与其合作。美蓓亚如果要公开收购蛇目的股份，通过分配埼玉银行一系的稳定股东，则极有可能达成过半数的目标。此时美蓓亚已经握有蛇目缝纫机工业20%左右的股份，这其中包括在1983年3月末所取得的、已经对股票持有人的名义做出变更的5%的股份。高桥已经打点好了大藏省。大藏大臣竹下登也暗示可以亮绿灯放行。

因为野村证券不希望在正面交锋中直接露面，这次公开收购中挑大梁的"公开收购代理人"是美林证券，公开收购的具体事务则由西村真田法律事务所处理。

万事俱备，只欠东风，只剩下最后在协议上签字的环节了。《日本经济新闻》也已做好了相关报道的准备。在公开收购股份的情况下，收购企业要在报纸上刊登"公告"。如何处理该公告与新闻报道，关系到内幕交易的发生。所以在新闻刊发的时间点上，分寸一定要拿捏好。

但这样的担心已经无甚必要了，因为竹下藏相没点头，这条劲爆的消息最终成为泡影。使竹下藏相改变主意的是小佐野贤治。他与首相田中角荣是刎颈之交，同时也在幕后对埼玉银行具有强大影响力。在他的阻止下，公开收购股份未能得以实施。

高桥高见怒不可遏，到9月末就将蛇目缝纫机工业的股份全部抛售。野村证券的田渊总裁曾轻叹："蛇目缝纫机工业总有一天会陷入更艰难的境地。"

果然四五年后，就在泡沫经济的鼎盛时期，蛇目缝纫机工业遭受了小谷光浩的收购狙击。小谷光浩属于投机集团光进。后来小谷亲自参与蛇目缝纫机工业的经营指挥，他不但对公司经营提出了各种各样的意见，而且恐吓其他干部。检察机关一度打算以特别渎职罪的嫌疑对埼玉银行和蛇目缝纫机工业的相关人员进行调查。蛇目缝纫机工业为此蒙受了巨大的经济损失，经营管理层与工作人员也受到了打击。

废铁收购商的儿子

要讨论日本企业的并购史就不能不谈高桥，但高桥这一生都被日本社会的既得利益集团所嫌恶。从他的出身到他的成长历程，高桥的一生充满了传奇色彩。

1928 年，高桥出生于东京，他是三男一女四兄妹中的长子。其父精一郎经营着废铁收购站。虽然出生于商人家庭，但精一郎对他进行了彻底的精英教育。1946 年，他考入庆应义塾大学经济系，在学校，历任应援团长和经济系自治会委员长。他使应援团的制服由校服变为毛衣。早稻田大学与庆应大学的体育对抗赛前夜的文化节也是由高桥首创。据说在两校的体育对抗赛中，使用米老鼠作为吉祥物的提案也来自高桥。大学三年级时他作为在校生代表为毕业生致辞，毕业时又作为毕业生代表致谢辞。

高桥自己曾这样说："我作为出生在废铁收购商家庭的毛头小子，一直在父亲的言传身教中长大。"

大学毕业后，他进入钟纺公司工作。对当时庆应大学的毕业生来说，钟纺公司是梦寐以求的工作单位，但在参加工作的第九年，高桥毅然辞去工作，抛弃了这一帆风顺的白领生活。据说是他父亲要求他辞职的。真的只是这样吗？看着伊藤淳二（后来担任钟纺董事长）等前辈在钟纺虚度光阴的样子，可以想象，高桥似乎不愿重蹈这样的人生。

一方面，高桥有作为庆应精英的自傲；另一方面，废铁收购商的家庭出身让他感到自卑。在自傲和自卑的拉扯中，他确定了非常强烈的上升志向，并养成了勇于挑战的企业家精神。

西村真田法律事务所的西村利郎几乎在所有的并购案中都与高桥并肩战斗，他斩钉截铁地说："我们这些与日本并购业务相关的工作者从高桥高见那里学到了所有知识。"无论是律师、会计事务所，还是并购的专家，他们都曾经聚集在高桥的周围，通过高桥分派的工作任务把自己锤炼成行业高手。这就是20世纪70年代美蓓亚公司的风貌。

如果把经营者高桥高见分为前期、后期来考察，那么要理解他就会变得容易一些。前期从美蓓亚创业期到20世纪70年代末，这是高桥不声不响地活用并购战略的时代。

从1971年到1980年的10年间，美蓓亚总共成功并购了12家公司（其中3家是外国公司）。这些公司五花八门，并不一定只生产轴承，并且真正意义上的敌意并购案也很少。

那时候，高桥展现了罕见的反抗与创新精神。他将这满腔的热忱投入到了微型轴承部门的海外市场开拓上，而且在亚洲建立了生产微型轴承的工厂。1971年，他收购了SKF（一家生产微型轴承的厂商）在美国的工厂，并以此为契机于1972年打入新加坡市场，利用新加坡劳务工资低（仅为日本的1/5）、有减税政策，以及允许24小时全天开工的优势，提高了劳动生产效率。20世纪70年代末，由于新加坡的生产成本上升，他又积极在泰国的大城府设立工厂。

现代经济学的基本原则之一是"相对优势"，高桥正是按照这个原则，通过在劳动成本低的地域设立工厂来提高生产效率的。在微型轴承这个市场规模小、商品价格低的领域，早在20世纪70年代，高桥就开始进行垄断策略的布局以应对世界市场的挑战。

就国内而言，高桥在20世纪70年代主要收购了新兴通信工业、东京螺丝制作所、新中央工业，以及大阪车轮制造（这四家公司都是东证、大证的二部上市公司[1]），并于1981年将它们吸收进美蓓亚。由于他对这些并购的处理都极富耐心，因此虽然说是敌意收购，实际上并无后患，是非常高效、成功的案例。

但从20世纪80年代后期开始，高桥高见的并购全都失败了，仅在海外还有成功的。

作为一个反叛的经营者和行业内的改革者，高桥对财界的既得利益经营者和银行进行了批评，这使他赢得了媒体的追捧。

---

1 东京与大阪证券交易所将上市公司分为四种类型，即市场一部、市场二部、マザーズ（TSE Mothers）和JASDAQ。在市场一部的上市公司一般为跨国公司或者超大型企业，在市场二部的上市公司一般为中型企业，在マザーズ（TSE Mothers）的上市公司一般为科技创新公司，在JASDAQ的上市公司一般为具有成长潜力的中小企业。

但这种追捧又反过来影响了高桥的并购战略，因为他开始在意起了社会的评价。

1983 年，公开收购蛇目缝纫机工业的这场闹剧就是其转折点。如果当时这起公开收购获得成功，那么美蓓亚、蛇目缝纫机工业以及埼玉银行都将从中受益。利用泡沫经济时代地价不断高涨这股东风，美蓓亚应该可以将蛇目缝纫机工业的公司资产投资于其他新兴领域，从而获得新的发展机会。

公开收购蛇目缝纫机工业受挫后，高桥为了实现自己的"X 公司"计划，继续奋勇向前。这一次，他构想的是与三协精机的合并方案。

名门金融机构与新兴势力的对决

1985 年 8 月 15 日，《日本经济新闻》的早刊上登载了如下新闻："美蓓亚与三协精机交涉合并事宜，美蓓亚已经取得 19% 的股份，三协面露难色，这或许是日本的首次公开收购。"

该消息说，美蓓亚对三协提出的合并条件是一对一的对等合并，细节问题将根据双方的交涉来确定，他们打算在明年春季设立新公司。还说，根据情况，这很可能是日本企业之间首次达成的公开收购。

这真是一个急躁的方案。美蓓亚无论如何都想把三协精机收入麾下，三协精机则做好了抵抗到底的准备。金融机构分成两派，分别支持这两方，这种现象反应出了时代的特征。

三协精机是守方，它的阵营里主要有三菱银行、日本兴业银行，以及长野县的知名银行八十二银行。美蓓亚是攻方，它的阵营里主要有日本长期信用银行、住友信托银行，以及野村证券公司。三协精机得到名门地方银行、名门都市银行和兴银的强力支援。而支持美蓓亚的则是包括野村证券在内的市场派新兴金融势力。

攻方的长银与住友信托银行以急速扩张的欧洲市场为舞台，向美蓓亚提供了以美元结算的无指定用途贷款。而野村证券则为美蓓亚的可转换公司债券的私募发行提供了条件。当时，证券公司与大藏省联合起来，正开始培育债券公募发行的市场，证券公司被禁止为营业公司提供私募债券的发行，野村证券这是明知山有虎，偏向虎山行。

住友信托银行、长银、野村证券各显神通，为美蓓亚准备了筹集资金的手段。因为金融自由化，这些资金筹集手段才成为可能。这就像是新旧势力围绕金融自由化展开的对决战。

到了1985年8月下旬，突然从海外闯入一名不同寻常的参战者。

美国洛杉矶的投资公司特拉法·霍廷斯宣布取得了相当于美蓓亚已发行股份的23%的5000万股，其中包括美蓓亚的股票、可转换公司债券和新股预约权。次日，英国的中坚证券公司格伦国际承认它作为中介促成了该交易。

对来自特拉法与格伦的进攻，美蓓亚使尽浑身解数，通过私募发行可转换公司债券、合并子公司金森等手段进行防御。

业内人士与媒体都明白，特拉法与格伦用心险恶，他们故意在美蓓亚专注于三协精机的合并时出手套利。但幸灾乐祸的人却不少，许多人抱着"这真是贼被贼偷了"的想法，想要看美蓓亚的好戏。

美蓓亚被阻击，是因为它发行了大量的可转换公司债券以及附认股权证公司债券。这些是能够轻易从市场募集到资金的金融衍生商品。

此外，未经深思熟虑就急着将收购目标由蛇目缝纫机工业转向三协精机也是美蓓亚的弱点。而针对不速之客特拉法与格伦的对策，对日本而言，也算是面对即将正式到来的并购时代进行的一次演练。对于当事者美蓓亚来说，这的确是一次费时费力、令人烦恼的作战。它既打击了美蓓亚，也损害了高桥的身体健康。

1986年，特拉法与格伦两公司所持有的股份与可转换公司债券被美蓓亚购回，其后由日本国内的投资机构所持。但是美蓓亚与三协精机的决战毫无进展，两年多来一直处于胶着状态。1988年3月，美蓓亚终于决定将持有的三协精机1410.3万股（占已上市股份的18.2%）的大半卖给三协精机的子公司。美蓓亚因此损失了40亿日元。对它来说，这是损失巨大的一场徒劳。

1989年5月31日，在东京市港区芝的增上寺举行了一场葬礼，几千人的送葬队伍绵延不绝。这是美蓓亚为高桥高见董事长举行的官方告别仪式，这位美蓓亚集团的统帅、日本并购战略的先驱，在泡沫经济即将结束时撒手人寰，年仅60岁。

高桥死后，由石塚严担任董事长职务。石塚于1954年参加工作，在前任总裁高桥精一郎时代，他算是公司的掌柜。这位毕业于陆军士官学校、战时担任过陆军中尉的老掌柜在高桥高见生前对其忠心耿耿。高桥死后，他重新审视了高桥的经营方针，并否定了它。他说："我没有打算就此放弃并购，但在这个时代进行敌意收购已经不合时宜。"

他将公司总部从神田简陋的大楼移往一栋办公环境舒适的智能办公楼。神田的大楼可谓是高桥时代的标志。在高桥时代，高桥自己身居豪宅，却强迫职员们在连更衣室也没有的大楼里办公。对于高桥这种19世纪资本家的恶劣做派，石塚比谁都感到厌烦。

20世纪70年代，高桥为美蓓亚的发展打下了基础。20世纪90年代，由于石塚致力于回归初心的改革，美蓓亚渐渐开始走出困境。

在泡沫经济时代开始很早以前，高桥高见就已经在日本开启了并购的历史。即使是在泡沫经济时代，他也没有被泡沫经济淹没，而是继续撕开体制的裂痕，为并购开拓道路。高桥高见殚精竭虑开拓的这条道路如今已成为一条理所当然、人人都在行走的阳关道。

在全球化时代，高桥高见是长着日本脸孔的"异类"，他没有拘泥于日本所谓的常识，对日本的体系结构进行了大胆改革。我的那张TOB新闻的原稿就是证明。

第二章　膨胀

1985 年的《广场协议》为泡沫经济的到来吹响了号角。单一国家经济政策的时代宣告结束，日本银行在国内外的压力下被迫实施长期金融缓和政策。

企业、银行与人们的行动也开始发生变化。由于 20 世纪 80 年代上半期金融自由化的浪潮，企业融资与资金运用的手段日益增多。"理财技巧"在企业中十分盛行。特定金钱信托与指定金外信托也非常活跃，这两者是造成经济泡沫不断膨胀的重要原因。同时由于企业倾向于依赖直接金融，在民营化大潮中减收减益的银行，从土地融资中寻求活路。

NTT 股票的上市狂热是 20 世纪 80 年代民营化浪潮的象征。它使得老百姓理所当然地认为，买卖土地与股票能致富。在资产价值上涨的前提下，风险回避被人们抛在脑后的时代就这样登场了。日本人渐渐忘却了勤俭节约的价值观与劳动观，拜金主义在各处蔓延。

1 由《广场协议》导致的超级金融缓和政策

1995 年春，泡沫经济破灭的五年后，前首相竹下登在自己位于河口湖的别墅轻声说："我希望作为将消费税引入日本的首相而名留青史。现在如果说还有一个心愿的话，我期望作为达成《广场协议》的藏相被大家记得。"

为了纪念战后 50 周年，日经准备出版《平成经济讲座》这份经济资料特辑，这份资料作为竹下备忘录广为人知。这是当时采访他留下的记录。他一边同我在别墅周围散步，一边绘声绘色地讲着隔壁邻居小渊惠三首相的别墅和他的日常生活。三年后，因日本长期信用银行破产，小渊首相决定投入 3.6 兆日元的国家资金对其进行救济。

竹下别墅会客室的大门让我大吃一惊，因为门梁远远高于一般房屋。当时为了纪念《广场协议》签订十周年，竹下首相准备以个人名义邀请当年签订协议的 G5[1] 成员来日本相聚。

竹下乐呵呵地解释门梁这么高的原因："即使美联储主席保罗·沃尔克与美国财政部部长詹姆斯·贝克来这里，也不必弯腰就可进门。"沃尔克身高两米左右，贝克也是身高一米九以上的大个子。遗憾的是，后来这个计划没能实现。

所谓《广场协议》是，1985 年 9 月 22 日，G5 在纽约的广场饭店发布的五国联合声明。协议声称将在宏观经济政策上协作，联合干预美元汇率，使其有序地下调。

《广场协议》为外汇市场带来了巨大冲击。美元在各国市场被抛售。五国政府也分别积极购入本国货币，抛售美元。于是在不到一天的时间里，美元对日元、德国马克、英镑的汇率都下降了 5% 至 6%。美元对日元的汇率由 1 美元 =242 日元降至 1 美元 =230 日元。一年后，美元对日元的汇率甚至降到 1 美元 =150 日元左右。

《广场协议》成功的关键在于，将一直以来保密的 G5 内容公开，以超出市场预测的速度表明了干预美元汇率的决心，这是货币当局的战略性胜利，也可以被看作"惊喜"战略[2]的开端。

《广场协议》是五个主要发达国家联合实施的世界规模的经

---

1 由美国、日本、联邦德国、法国以及英国五国的财政部部长和中央银行行长构成的非正式会议。
2 股市与投资者通常会对金融当局的政策进行预测，当金融当局采取的措施或者实施的政策比先前的预测更有利于股市提升或投资家获利时，在日本被称为"惊喜"战略。

济政策，从短期来看，它确实是一项前所未有的快刀斩乱麻的政策。但它也是专门针对外汇的政策，在 G5 间的利益调整与各国国内政策的整合方面并未加以充分考虑。也正是因为它并非多管齐下，所以才能快速见效。但 G5 之间政策整合不足的隐患就此埋下。在两年后的"黑色星期一"中，美国与联邦德国金融政策的矛盾显露无遗。

《广场协议》到底有哪些内容呢？

主要包括三个要点。第一，20 世纪 80 年代以后，以里根经济学为支撑的"强大美国"路线终于因为贸易赤字与财政赤字的扩大而无法继续。美国政府被迫放弃里根经济学的前提，即"强势美元"路线。第二，世界经济的指导权由美国转到 G7[1] 手中。特别是，外汇政策成为各国缓解经济压力的重要手段。第三，将外汇政策的调整作为第一优先级，其他方面让各国自行决定，造成政策之间彼此冲突、政策内部漏洞频出。催生日本经济泡沫的过度金融缓和政策就是其结果之一。

关于《广场协议》，我们还要记得在相近的时间，即 1985 年 3 月戈尔巴乔夫政权在苏联成立，自战后起美苏对立的冷战格局开始发生变化。戈尔巴乔夫的"改革重建"路线穿过"黑色星期一"、日本的泡沫经济时代、1990 年柏林墙的拆除，最终抵达 1991 年苏联的解体。

从 1971 年的尼克松冲击（停止美元兑换黄金），到 1973 年

---

1 指 1986 年七个发达国家的财政部部长、中央银行行长会议，参加国为美国、英国、德国、法国、日本、意大利、加拿大。

美元由固定汇率制转变为浮动汇率制，再到《广场协议》的达成。如果我们聚焦于国际金融与经济，回望这段将近15年的历史，就会发现这是"二战"后"美国强权下的世界和平"崩塌，向苏珊·斯特兰奇所谓的"赌场资本主义"发展的历史。

以1973年的第一次石油危机为契机，原油价格暴涨。发达国家投入产油国的大量资金通过欧美的金融机构又回流到美国与新兴国家。而在1979年的第二次石油危机中，南美、墨西哥等新兴国家的财政金融危机显形，让人们为深陷于新兴国家的美国金融机构捏了一把汗。美联储主席保罗·沃尔克在这个时期采取了严厉的金融紧缩政策。

20世纪80年代初期的这些情势变化让美国开始认识到，依靠美国一国之力，已经无法抵抗民间的巨额资金对市场的影响。也正是在这个时期，《广场协议》的相关构想在美国的主导下秘密展开，最终美国依靠它残存的影响力促使G5达成该协议。

以《广场协议》为契机，日元价格急速攀升，日元开始作为国际货币受到关注。在伦敦等海外金融市场，日元被当作存款货币使用，也出现了以日元结算的债务。这成为进一步促进日本经济全球化与金融自由化的推动力。然而，通过这一金融舞台，日本企业得以将海外资金引入日本，这也加速了泡沫经济的发展。

另一方面，在《广场协议》的影响下，日元价格高涨。这使得数年来以美元为资产的银行、生命保险公司以及其他企业极容易出现巨大的估值损失。如果在股票以及其他资产运用上的损失也增加，那它们极有可能就此陷入经营危机。

讨好美国的超低利率政策

毫无疑问，《广场协议》生效前几个月举行的"竹下–贝克会谈"对该协议的实现起到了重要作用。可以说是债权大国日本主动引导了日元的升值。

对于《广场协议》，竹下留下过宝贵的话语，证实他与财政部部长贝克曾经讨论过 G3 的可能性，也就是将美国、日本、联邦德国三国之间的协议作为《广场协议》使其生效。他还曾经自豪地说："协议由日美两国，也就是 G2 所决定。"

可以说自从《广场协议》签订后，国际社会就进入了金融政策三元三次方程式的时代，即美国、日本与联邦德国三国之间在外汇、利率与股价上彼此相连密不可分，并以此为轴心决定其他因素。竹下的自豪就在于，正是在他就任藏相时打开了这扇协作的大门。

美日之间、美国与联邦德国之间在金融与外汇政策上立场不同。特别是联邦德国，在降息问题上非常谨慎。事实上是美国主导了《广场协议》的达成，日本只是无条件地追随了美国。《广场协议》达成前的一周召开了五国财政部部长代表会议，这是一次秘密会议。

在那次会议资料记录的"商议要点"中，甚至有一项"无纸资料"，又被称为"不是资料的资料"。这件事被当时朝日新闻社驻华盛顿的特派记者船桥洋一记录在其著作《通货烈烈》中。

在这份无纸资料中，为了阻止美元价格再度攀高，对外汇的目标管理做出了非常详细的规划。但就金融政策而言，并没有进行充分讨论。

船桥在其书中写道："就金融政策本身而言，甚至连无纸资料都尽量不去提及它。这从无纸资料对于'利率的意义'这项内容完全保持空白的状态中可以窥见一斑。"

这说明虽然在外汇的协调政策上各国之间已经达成协议，但在由各国中央银行决定的利率政策上，仍然没有明确指示。恰恰利率政策才是促使外汇政策有效发挥作用的前提条件。

对于金融政策这个不愿碰触的脓包，各国不同的应对方法催生出了各种各样的问题。就日本而言，由于过多地考虑美国的利益导致金融政策受到束缚，持续的超低利率政策加速了泡沫经济的到来。

中前忠曾经说过："毋庸置疑，1986 年是日本泡沫经济的实质的起点。这是因为《广场协议》签订后，在日元升值的过程中，日本政府对日本经济的竞争力评价过低。"中前从 20 世纪 70 年代开始在伦敦居住，他作为活跃于最前线的经济学家，对日本经济进行了准确的分析。

1987 年 1 月 25 日，中前在《日本经济新闻》的专栏《竞争》的对谈中说道："今年（1987 年）的经济情势应该很快就会节节攀升，全年的经济平均成长率应该会达到 5% 左右吧。我认为日元价格提高将促使生产效率快速增长的领域，比如电机，以及高科技领域发生结构性改革。因此经济状况应该能够很快摆脱困境。"现在回想起来，这真是非常准确的预测。

中前的对谈者水谷研治是东海银行经济学方面的负责人，

他对此说道："我认为经济形势将继续恶化，主要是担心日元升值所带来的恶果还没结束。"

水谷的担心其实也不为过。由于在不到一年的时间内，日元汇率从 1 美元 =242 日元飙升至 1 美元 =150 日元左右。在 1986 年的日本社会，大多数企业都持有这种观点，甚至连主流媒体也持有相同论调，中前属于少数的乐观派。

1986 年，日银连续降低法定利率，1986 年 1 月 30 日将法定利率由 5% 降至 4.5%，3 月 10 日再次降至 4%，4 月 21 日降至 3.5%，11 月 1 日降至 3%，到了 1987 年 2 月 23 日甚至降至了 2.5%。政府实施了空前的金融缓和政策。而且这项政策一直持续到 1987 年以后。

中前的见解的重点在于，日本有能力依靠市场经济的力量实现产业结构的转型，且 1986 年正是时机。在这一年，以输出产业为主导的日本制造业本可以一边努力提高生产率，一边进行结构改革，但过度的金融缓和政策促使金融机关积极投资房地产，从而错过了这千载难逢的机会。

日本银行的变质

虽然不像中前那样一针见血，但香西泰、白川方明、翁邦雄等日本银行的职员与外部的经济专家也提出了相同见解。他们在 2001 年出版的《泡沫经济与金融政策》中有类似主张。这本书是以 2000 年日本银行对泡沫经济进行的非官方总结报告为基础编著而成的。后来白川成为日本银行总裁，香西则成为政府税制调查会会长。他们既是日本经济的既得利益集团，也是一流的经济学家。

在该书名为"金融政策是否导致了泡沫经济"的一章中，对当时的问题进行了明确的分析，虽然多少有点事后诸葛亮之嫌。

"自从1985年9月《广场协议》签订后，日元迅速升值，美元迅速贬值，为了应对由此导致的'日元升值萧条'，1986年1月到1987年2月法定利率连续五次降低，最终低至2.5%。结果从1987年2月到1989年5月，约两年三个月的时间里，利率一直维持在2.5%这个当时历史最低水准。"以此为背景，书中列举了这个时期金融政策的施行的三个特色。

第一个特色是，日本国内金融政策深受国际政策协调框架的影响。《广场协议》本来是为了降低美元价格而对外汇市场进行的国家干预，是宏观经济政策的调控。在这个协议框架中，提倡日本、联邦德国等贸易黑字国应该致力于扩大内需。而贸易赤字国美国则应该致力于缩小财政赤字。"1986年1月以后，日本连续五次降低了法定利率。这其中除了第一次属于日本银行的单独行动以外，第二次以后，日本降低法定利率的时机要不就是和美国同步，要不就是和日美政府的声明或是G7的联合声明同步，可见其深受国际政策协调框架的影响。因此在日本国民中普遍抱有'法定利率受国际关系影响，需要与相关国协商决定'的这种模糊想法。"

第二个特色是，金融政策的实施偏重于确保外汇市场的稳定，特别是在抑制日元升值方面。由于担心日元升值导致产业外移、国内经济空洞化，阻止日元升值在日本甚至成了"国民共识"。

当时公布的 G5 协议中记载有各国的政策目标。对于日本的金融政策，文件进行了如下叙述："对日元汇率给予适当的关注，施行弹性化的金融政策。"这是一种强调金融政策与外汇市场关系的表现。特别是法定利率在 1986 年 10 月与 1987 年 2 月的两次下调，都显著表现出其与外汇市场紧密相连的特征。

第三个特色是，"当时扩大内需以缩小经常盈余是施行经济政策的主导思想，而金融政策也受到其影响。"这种思想同样束缚了日本银行金融政策的开展。

当事者们心怀反省，阐明了以三元三次方程式运作的国际经济，是如何改变作为日本金融总部的日本银行的政策原则，又是如何改变包括后来成为日银总裁的白川方明在内的中央银行干部们的所思所想的。

"维持货币价值"是央行的重要原则，这个原则在"国际化＝汇率稳定"的名义下彻底面目全非。明明没必要却降低了法定利率，需要提高的时候又束手无策。

中曾根"民活"路线与《前川报告》

1986 年，在实施金融缓和政策的同时，首相中曾根康弘的私人顾问机构"致力于国际协调的经济结构调整研究会"于同年 4 月 7 日公布了《前川报告》。这是该研究会在日银前总裁前川春雄的领导下完成的报告。

《前川报告》实际上是一份"结构改革"的建议，当时美国通过日美间日元美元委员会明确对日本提出了许多批评，《前川报告》意图通过日本内部的结构改革来解决这些受到美国批评的问题。报告指出，如果要调整日本经常收支的大幅黑字，就必须"改变以出口为导向的经济结构，使经济与国民生活方式发生历史性转变"，从而使经济实现可持续发展。

为此，《前川报告》提出了三项原则：①政策必须以市场原理为基础；②政策施行必须具有全球化视野；③持续不断地进行长期努力。同时，将工作目标确定为"扩大内需""转换产业结构""改善市场参与"。

中曾根政权基本上依仗的是放松管制与经济复兴的思想。1983年1月，政府公布了都市复兴计划，放松了对都市中心区域容积率的限制。1987年6月，又制定了《休养地法》（《综合休养地域整备法》）；与此同时，还制定了所谓纳入民间活力的民活路线，将日本国有铁路、日本专卖公社、日本电信电话公社这三大公社民营化。

中曾根的"民活"路线应该是按照《前川报告》的主旨来制定和执行的。为了应对来自国内外的批评，就日本转向内需主导的经济体制，进行结构改革的问题，《前川报告》进行了充分、完全的讨论。正如我们在第一章第四节中提到的那样，国债化与国际化为日本带来不少课题与矛盾。而《前川报告》就是一个大胆的改革方案，它企图通过自由化与市场经济的力量来解决这些问题。

简而言之，这是一个主张进行产业结构转向的建议，它主张将包括劳动力配置的产业重心，由第二产业（制造业）向第三产业（服务业）转移；同时对战后长期以来被忽视的第一产业（农业）着手整改。

但当时的政权与官员以自己的利益为导向对《前川报告》进行了解释和运用，430兆日元的公共投资方案就是个中典型。金融政策也以振兴内需为借口，采用了缓和政策。

经济学者小宫隆太郎在其著作中就日美的贸易收支不平衡问题明快地评论道："经常收支的不平衡不过是各国的经济主体在储蓄投资平衡上采取了最有利于自己的行动而形成的结果，并不是有谁故意为之。即使这种不平衡状态长期持续，它也谈不上不利或不健全。"

这也是一种对美国的质疑：明明是美国自己的责任，为何要强迫日本承担？"日美贸易失衡"催生出了"外汇汇率方面的日元升值政策"，结果使得"持续金融缓和"这项错误政策一直延续。小宫的评论是对这件事的根本性批评。

从1985年到1987年，政治家、官员以及银行等机构的上层精英已经因为泡沫经济而头脑发热，他们深陷其中，选择了一条坐享其成的道路。

对于《前川报告》提到的"结构改革"，认真坐下来讨论的人越来越少，同时像中前那样相信日本能够在"日元升值"中转败为胜的声音也越来越少。

无论是中曾根康弘还是竹下登，一般说来日本的政治家们都对G5中日本发挥的重要作用甚是满意，对于由此带来的风险并无远虑。日本银行虽然察觉到金融管控的重要性，但也没有将之付诸行动。而最需批评之处在于，在股价与地价高涨（资产价值膨胀）的问题上，当局缺少将其与金融政策相联系的思想与觉悟。

1986 年是日本进行结构改革的最后机会。但《前川报告》并没有得到足够重视，在许多问题都还需要深思熟虑的情况下，日本一头扎进了泡沫经济的旋涡。

再回到竹下登，竹下在担任藏相时，明确地意识到日美同盟的重要性，在《广场协议》中做出了日美联手的决定。竹下就任首相以后，当全民正陶醉于泡沫经济所带来的繁华假象之时，他因为里库路特事件被追责，被迫辞职。在这出奋不顾身的引退戏码中，他使消费税的引入得以实现。如果没有泡沫经济终场时一派经济繁荣的表象，日本人应该不会同意引入消费税吧。这也证明了泡沫经济并不全是坏处。

《日本经济新闻》的主要评论员冈部直明在其著作《对美元的挑战》中指出，《广场协议》是"日本在战后一贯由欧美主导的国际货币领域中首次扮演主角"。竹下担任藏相之时，曾经自称为"日元升值大臣"，也喜欢被人称作"货币黑手党"，由藏相升任首相以后，也将《广场协议》视为自己的功绩。

美国财政部部长贝克在美元贬值中的作为被评价为"贝克实用主义"，但在他的自传中并没有提及《广场协议》。这与竹下形成了鲜明对照。

《广场协议》订立以后，美、日与联邦德国被称为三辆并驾齐驱的火车头。但在金融政策上，美国与日本的关系和美国与联邦德国的关系形成了鲜明的对照。这使得泡沫经济的形势，以及泡沫经济破灭后日本与德国各自所走的道路截然不同。

2　使资产泡沫加速膨胀的"账外收益"的妙计

　　泡沫经济破灭后，日本经济进入所谓"失去的 20 年"的长期低迷期，同时银行也深陷经营危机。究其主要原因，毫无疑问，在于从 1986 至 1989 年围绕土地进行的交易。虽然泡沫经济在股价与地价相互影响、交错上涨下产生，但加速泡沫经济发展的是银行对土地融资的过度倾斜。这是导致日本的泡沫经济最终区别于他国泡沫经济的要因。

　　账外收益（hidden assets）的存在诱使日本的银行与企业会计进行暗箱操作。账外收益是指取得资产时的价格（账面价值）低于当时的市场价格从而产生的预期收益。企业拥有的大部分账外收益多来自对其土地资产的评估。另外，日本暧昧的地价制度以及在企业的会计制度中对时价主义的执行不彻底也是使泡沫经济扩大的原因。因为这二者使得本来应该属于股东的账外收益被企业经营者随意操作，纵容了日式经营的弊病。从结果上来说，是土地加速了泡沫经济的发展。

主银行以时价评估土地，并将得出的账外收益作为担保为企业和经营者融资。地价不断上升的情况下，即使企业的收益一直低于长期利息，甚至企业持续处于亏本经营状态，但只要企业存续，银行便无须担心坏账。

几乎等同于"土地本位制"的有担保主义、主银行与企业之间稳定的关系、因交叉持股导致的股东放弃行使反对权，还有市场占有率至上主义下企业间过度的价格战，这些都是日本经营体制的特征，是账外收益让这些特征得以存在。

日本实存的中小企业有100万家以上，它们中的绝大多数都不想增加盈利，反而争相减少盈利以减少交税。

土地泡沫的历史绝非始于20世纪80年代，早在20世纪70年代，日本就由于田中角荣的《日本列岛改造论》发生过土地泡沫，勾起了中小企业经营者与百姓的贪欲。

后来田中角荣因洛克希德事件被捕，但地价未得到有效控制，依然在不断攀高。正是由于这样的历史经验，人们坚定地相信了"土地神话"，相信了日本的地价将会不断上涨。

在日本经济中，"土地神话"与"银行不倒神话"是绑定在一起的。从战后复兴期到高速发展期，再到石油危机后国际化的初始期，一路攀高的地价成为日本经济金融体系的基础，支撑着由间接金融主导的日本金融。

从1984年的日美间日元美元委员会，到1985年的《广场协议》，再到1986年的《前川报告》，在急速发展的金融全球化与美国的压力下，日本国内相关人士终于意识到以前日本的经营体系已是日落西山，无法继续。

特别是日本的银行，在金融自由化的背景下，直接金融增加，大企业减少了对银行的依赖，导致银行收益减少，因此必须尽快开拓新领域来扩展业务。

于是，大银行开始将住宅金融专门公司（简称"住专"）用作自己的别动队，接盘某些令银行为难的直接融资案例。住专是20世纪70年代由大银行自身出资设立的机构，其原本的业务主要是私人购房的贷款。

1986年以后，泡沫经济的膨胀过程其实就是在银行积极的土地融资下，地价与股价相互影响、交错攀升，二者共同建构起狂热幻象的过程。

因土地与股票产生的 1452 兆日元资本收益

1986年《日本经济新闻》专门做了名为"谁拥有公司"的专题系列报道，在3月20日的头版上登载了该专题的第一回，《解散公司，平分资产》。这篇报道揭示了泡沫经济的形成实际上与"土地的账外收益"密不可分。

当时，日本房地产的龙头老大是三菱地所，在账面上，它所持土地与房产的评估值几乎为零，但用时价评估则高达7.75兆日元。这是一个令人惊讶的数字。即使以当时三菱地所股价的双倍价格对其进行公开收购，还能给新东家留下3.5兆日元的利润。

在这篇报道刊登的当天，三菱地所的股价一度涨停。三菱地所持有土地的时价远远超过从已公开信息中能够推定的数值，也远远大于其公示价格。换言之，人们抢购三菱地所的股票是因为感觉物超所值。

三菱地所自己并没有煽动土地泡沫。从战前至战后的很长一段时间里，三菱地所都是三菱集团的"房东"。长期积累持有土地的历史为它带来了账外收益，戏剧性的是其金额在20世纪80年代的泡沫经济中急剧膨胀了。

但投资家们对此一无所知。股市上的投资家们眼中没有三菱地所的经营能力，只是对它持有土地的账外收益给予了直观好评。

泡沫经济的后半期出现了"水岸行市"。所谓水岸是指东京的湾岸区域。当时野村证券以股价高涨为前提，为日本经济的未来描绘了一幅美好的蓝图。这幅蓝图席卷了整个股市，吸引了很多投资。简而言之，人们在购买企业股票时所考虑的不是该企业的经营能力与收益，而是其持有土地的账外收益，哪怕该企业与房地产毫无关系。

石川岛播磨重工业（现IHI）、东京煤气和日本钢管（现JFE控股）这三家企业在丰洲拥有大量土地，被称为"御三家"。当时在东京湾岸拥有不动产的企业，它们的股票受人追捧的原因就在于其持有土地的高价。证券经纪人聚到一起时总是打开东京湾的地图，七嘴八舌地讨论"这块是哪家公司的土地"。石川岛的股价在1986年还是150日元的低价位，到了1988年11月已经暴涨至1350日元的高价位。

问题不仅限于股市。1985年，国土厅公布了其费时七年完成的"首都改造计划"。这个计划声称要着手改革东京湾岸沿线的居住空间。这也是中曾根政权将计划付诸实践的证明。

放松对大都市高层建筑的管制、修建横越东京湾的道路，以及由东京都知事铃木俊一所推行的"东京临海城市副中心计划"等都市开发计划不断推出，以这些都市开发计划与日银的超低利率政策为两翼的建设项目纷纷上马。连接大藏省、日本银行以及东证的三角地带被称为"金三角"，从地价的角度看，它也是东京的黄金地段。

银行也联合各家非银行金融机构，积极展开土地融资业务。它们的目标从持有土地的企业扩大至持有土地的个人。谁都抱着机不可失的想法到处奔忙。

东京的地价以异常的速度上涨，1987 年升值 22%，1988 年升值 69%，1989 年升值 33%，1990 年升值 56%。于是从企业到个人，大家都成为地价不跌神话的信徒。在银行与非银行金融机构的融资担保基准中，融资额一般为担保地价的 70% 左右，但1988 年以后，甚至有金融机构按照 120% 的基准提供贷款。

在白领聚集的银行里，人人都只顾自己出人头地，没有多少社会责任感，经常让土地交易轻松就通过审查。在第三章中我将要提到的光进公司的小谷光浩、第一不动产的佐藤行雄、麻布建物的渡边喜太郎、秀和的小林茂等新兴房地产集团，它们与三菱地所等业界巨头一样调集重金，有时甚至以超过这些大公司的数额进行大规模的房地产开发与股票投资。

银行使尽浑身解数企图参与土地相关项目，不管对方是优良企业三菱地所，还是土地开发商，甚至是黑社会一系的企业，只要有土地做担保，就以几乎同样的条件提供贷款。反常的时代光景尽现眼前，而银行依据的仅是"地价不跌"这个荒唐的信念。

1989 年，三菱地所似乎懊悔对日本国内的土地投资出手太晚，它们迫不及待地以 2200 亿日元的价格买下纽约的洛克菲勒中心。

从 1986 年到 1989 年，日本依靠投资土地与股票而获得的资本收益超过 1452 兆日元，而家庭由此获得的资本收益仅 1989 年一年就高达 260 兆日元。土地与股票联动上涨似乎成为理所当然。每个人都沉醉在狂热中。这是一个日本国民生产总值高达 400 兆日元的时代。

本末倒置的托宾 Q 理论

在泡沫经济时代，分析股价与地价高涨的原因并将之正当化的投资理论也纷纷出现，其中的代表就是托宾 Q 理论。

托宾 Q 理论是美国的诺贝尔经济学奖得主詹姆斯·托宾提出的概念，即企业的全部发行股乘以每股的市场价格得出企业的总市值，减去该企业的负债后，再用得出的数值除以时价评估下企业的自有资本额，得出的比率就是托宾 Q。如果 Q 小于 1，那么市场对该企业的评估价值小于该公司资本的时价价值，换言之，股本的价值过大，企业与其利用股本进行再生产，不如在市场出售股本能够获得更多利润。如果 Q 大于 1，那么市场对该企业的评估价值大于该公司资本的时价价值，企业利用股本进行再生产能够获得更多利润，也就是说此时更适合投资生财。

这是根据经营利益和企业的资产价值两者与市场的关系对它们进行分析的概念，具有很高的统括性。托宾因此获得了诺贝尔奖。

20世纪80年代，托宾Q理论传入日本。在泡沫经济即将散场的1988年，以东京大学教授若杉敬明为首的日本证券经济研究所的工作团队发表了《日本的股价水准研究团队报告书》，对股价与Q比率的关系进行了论述。

在托宾Q理论最关键的点上，日本采用了与托宾本人完全不同的理解和运用方式。托宾假定Q中的市场价格应该是绝对的，它完全反映实际状况。因此，当Q小于1时，经营者应该将作为分母的资产（企业的设备资产、土地等）出售。这其实是一种指导企业经营者行动的经营理论。

但在若杉教授等人对托宾Q理论的解释中，暂且先不论他们是否是故意的，他们指出如果Q小于1，那么说明作为分母的企业时价资产额没有在作为分子的股价中得到充分反映。同时，证券公司使用Q比率时，即使经过了简化，还是将时价评估的企业持有土地纳入了计算。

在泡沫经济后期，托宾Q理论被用于指导投资。通过比较地价与股票市值，能更直观地说明相较于土地的账外收益，股票是多么物超所值。

这种对托宾Q理论的理解虽然本末倒置，但在泡沫经济的高潮期，在日本特殊的会计制度与经营者们颇具日本特色的行为方式的基础上，日式的托宾Q理论呈现出了奇特的合理性。

到底是托宾Q分母中的地价异常，还是分子中的股价没有充分反映账外收益？作为企业实际资产的设备和人被忽略，由地价与股价相互作用形成的股价螺旋式上升模式逐渐加速。托宾Q理论不仅适用于股市，热衷于土地融资的银行也把它当作一种便利的判断指标。

无论如何，面对1988年几近疯狂的泡沫股市，当时市场相关人士的感觉是，PER（股价收益率）和PBR（股价资产净额倍率）等既有投资指标无法解释的股价高涨，得到了诺贝尔奖得主与东大教授们的背书。

前述《泡沫经济与金融政策》一书中，白川方明的点评令人印象深刻。他说道："不得不承认在泡沫经济时期，全日本包括日本银行在内，几乎无人对泡沫经济的危害持有正确认识。"白川从日银的角度对20世纪80年代的泡沫经济进行了反省。他与人合著此书时还是日银的职员，七年后他成为日银总裁，面对来自通货紧缩的挑战。

1989年初期，我以记者身份对日本经济研究中心的金森久雄就泡沫经济问题进行过采访。我就异常的地价与银行的行为向他提问。这位诚实的经济学者苦着脸对我说："凯恩斯经济学基本上是分析经济流动的学术理论，包括我本人在内的凯恩斯学派，没有理论可以解释作为资本存在的土地。"

当时我的问题是："在全球化时代，东京23区的土地平均价格要高于美国任何地方的土地平均价格，这难道不匪夷所思吗？它应该无法长期持续吧？"就是这么个简单的问题，直到泡沫经济破灭也一直没有得到解答。

地价与股价因账外收益而高涨，这个现象的背后是日本国民与企业的盲目乐观和银行的胡乱放贷，而它们又改变了企业与百姓的行为。于是终于迎来了一个脱离常轨的荒唐时代。

3 "三菱重工CB事件"与山一证券的消亡

　　1986年9月，在东京溜池的全日本航空运输公司的酒店里，我与山一证券的副总裁成田芳穗在割烹饭店[1]"云海"的榻榻米房间相对而坐。我是应邀而来的。成田的邀请来得很突然，他一开始就显得莫名地不安。

　　他用一双充血的双眼直视着我，沉默片刻后突然说道："山一证券腐坏了。"我问他："哪里腐坏了？"他回答说："哪里都不行了！只能请横田总裁辞职，植谷会长也必须退位。"他以一种奇怪的口气继续说着，脸上浮现出我未曾见过的表情。

　　自从我成为专跑财经的记者以来，这13年间，成田作为我京都大学的学长和证券市场的前辈，教给我许多关于证券市场的知识和采访的要领。因此我更能感觉到，那一天的成田异乎寻常。

1　割烹属于日本的一个菜系，也用来指专门经营高级日本料理的饭店。

我再问他："如果请这两人辞职，那谁来当总裁呢？"

"我。"他答道。

我对成田的回答深感意外。这不像成田芳穗的风格。虽然成田作为山一证券的法人代表，交友众多，人脉丰富，但这个身高一米六、身形瘦小的人向来谨小慎微。说得难听一点，那就是胆小怕事。即便他真有当总裁的野心，也绝不会像这样口出狂言。

当时，在山一证券的内部出现了对立的路线斗争。这场斗争起因于 1980 年 12 月就任总裁的横田良男的变节与优柔寡断。

山一证券向来注重法人业务，被称为"法人的山一"，但横田就任时公司法人的业绩已落到谷底，因此他希望将公司的营业重心由法人转向个人，以此来重振山一证券。

为此，横田大胆采用有别于主流派的年轻人。山一证券在"1965 年的证券萧条"时得到日本银行的特殊融资，之后一直受到日本兴业银行的实际管控。在摆脱管控重新夺回大权的过程中，山一证券的元老植谷久三培养出了自己的人脉。所谓的主流派就是指植谷久三及其支持者们。当时最受植谷久三重用的人是行平次雄专务 [1]，但横田为了强化针对个人的业务，秘密地计划提拔别人而非行平。

事与愿违的是，1985 年泡沫经济萌芽，善于运用理财技巧的法人成为股市的主力军，十分活跃。被前三位证券大公司远远甩在后面的山一证券为了挽回劣势，渐渐偏离了以踏实工作来争

1　职务名，辅佐总裁管理公司整体业务或者某项专门业务，在公司董事会的地位仅次于副总裁。

取更多私人客户与资金的正道，转折点就是1986年，横田背离了自己曾经提倡的路线，将工作重心转移到营业特金这项受到全权委托便可自由运用客户资金的信托业务上来，目标是筹集到1兆日元。这项业务通过向客户保证资产收益——即使这可能违反《证券交易法》——来获得资金，再通过对资金的运用来获取收益。

当时，成田最拿手的是处理法人业务，但他被排除在法人业务团队之外，被任命为主管个人业务和策划部门的副总裁。结果成田的定位，比起由法人担当专务行平次雄和法人副担当常务永田元雄掌控的阵营，反而更靠近改革派，即反行平的阵营。但我从未听过成田对当时山一证券的法人业务明确进行过批评。至少在表面上，成田对植谷会长与横田总裁表现得忠心耿耿。

另外，由成田芳穗继任山一证券总裁是我从未想过的事情。成田在有"法人的山一"之称的山一证券长期主管法人业务，也作为第一副总裁统管公司整体的经营。如果说他是公司总裁候选，那也并不令人意外，但他不具有使大家心悦诚服的领袖魅力，公司内外对他的期待都不大，植谷与横田也毫无此意。因此不知从何时起，我内心对他的评价就是"这个人没有担任总裁的气魄"。

"如果说公司腐坏了，那就请举个具体的例子来说明吧。"我问了个死板的问题。成田闭口不言。最后我们尴尬地就此别过。这是我与成田芳穗生前见的最后一面。

后来回想起来，我猜那时成田的心里可能已经有了篡位的具体计划。他不打算通过正当的经营改革，而想要通过丑闻来干掉植谷与横田，取代他们的位置。我想，那天他的公文包里已经装有了将三菱重工的可转换公司债券（Convertible Bond，简称"CB"）分发给总会屋[1]的名单。

1987年1月16日，成田被发现死在仓库里。

据《读卖新闻》报道，东京地检特搜部的检察官田中森一原计划于当天下午5点，以向总会屋提供利益的嫌疑对成田进行审讯。

分发给总会屋的"优先发行债券"

1986年8月，三菱重工发行了1000亿日元的可转换公司债券。虽然属于债券的一种，但它能够以发行时的定价转换成股票，因此一旦股价上升持有人就能从中获利。这是一种类似股票的金融商品。当股市活跃时，对股价上升的预期会反应在可转换公司债券的价格上，上市后价格可能会立刻大幅上升。当时，三菱重工的可转换公司债券的发行价为100日元，上市第一天的交易价则为200日元。

购入三菱重工可转换债券的顾客轻易就能收获两倍的投资资金。这与两年后里库路特事件中的未上市股票一样，都是泡沫股市催生出的"摇钱树"。

对投资者来说，这当然是他们垂涎三尺的商品，但并非所有投资者都能买到这种可转换公司债券。

1　持有数家公司的少量股票，以获取金钱为目的在股东大会上妨碍或诱导大会议事进行的人或团体。

它由证券公司根据当时的经营战略来进行分配，要么提供给重要顾客，要么作为补偿分配给在别的交易中受损的顾客。具体的分配方法会受到证券公司财力与良心的影响。

此外还有优先发行债券，它是指按照发行金额的一定比例（通常为35%左右），预留出来由发行公司自由分配的债券。一般来说，优先发行债券通常由发行公司委托证券公司分发给指定的顾客。

野村证券与日兴证券主要负责本次三菱重工可转换债券的发行业务，山一证券负责协助发行。它们都按照三菱重工的指示将优先发行债券分发给了指定的投资者。

一般来说，即使是公募，证券公司也不会公开债券的分发数额与接收人的名字，更不用说属于最高机密的优先发行债券了。即便有时会有诸如此类的信息被公开，那也是在检察或警察介入的刑事案件，抑或国税厅等税务当局侦办的偷漏税案件中，或者是发行公司或证券公司的关系人为了特殊目的有意公开。

我跟成田在全日空的酒店见面后不久，发生了意想不到的事。山一证券受三菱重工委托分发优先发行债券的顾客名单居然被公开了。这个名单上的顾客几乎全是总会屋。

投资信息杂志《生活与生财》的老板生田盛获得了这份名单，追究山一证券"向总会屋分配CB的责任"。山一证券赶紧请求总会屋的头面人物上森子铁来斡旋。1986年11月13日，生田与上森拜访山一证券的植谷久三会长，要求山一证券罢免总会屋问题的直接负责人行平专务，如果不能做到，那么就将成田副总裁提拔为总裁。对此山一证券的回答是，不提拔成田当总裁，但会将行平派往伦敦担任当地的法人代表，使其远离公司本部。这是植谷久三的执着，也是为了争取时间。

同时，成田作为泄露名单的嫌疑人，事实上被软禁在了家里。正是植谷久三与横田良男将成田逼上了绝路。

屋漏偏遭连夜雨，更加意想不到的事情发生了。同年 11 月末出版的《财界》杂志 12 月 16 日号上登载了对植谷的采访报道。其内容如下："山一证券受三菱重工委托向总会屋分发可转换公司债券，对此，行平次雄法人担当专务没有立刻答应。考虑到如果拒绝，不仅三菱重工，整个三菱集团都不会再给山一证券工作机会，所以跟横田总裁商量后，公司按照日本的惯例做了决定。我们不想把责任推给三菱重工，说到底是商法没有考虑现实问题。仅仅抓住山一来兴师问罪，大概只是因为我们好欺负罢了。"难以相信这是一个代表董事对该事件的认识。

这篇报道引起了一个特别搜查检察官的注意，他就是田中森一。

1981 年修改后的商法，明文禁止向总会屋提供经济利益。在切断不法势力与金融股市关系的过程中，警察对总会屋的清扫作战如火如荼，来自黑社会的反抗也十分激烈。在这样的情势下，作为日本的代表企业三菱集团中的招牌公司，三菱重工的行为引起检察官的注意并不奇怪。

田中在对涉案的总会屋进行调查的过程中，发现"没有本金的总会屋"利用三菱重工的主银行，也就是三菱银行的房地产抵押贷款来融资，并以此不劳而获。通过所掌握的证据，田中进而发现，山一证券分发给总会屋的优先发行债券其实只是冰山一角。田中认为在野村证券、日兴证券等主干事证券公司负责分发的份额中，还包括分配给政治家与防卫省官员的部分，而这已经不只是违反商法的问题。

于是1987年1月16日，田中传唤成田谈话，成田选择了自杀。

来自检察官干部的制止

成田死后不久，《旬刊商事法务》1987年2月25日号中登载了法务省刑事局检察官川合昌幸的一篇论文，该文就能否因提供利益对三菱重工CB事件立案调查的问题进行了论述。该杂志的下一期又登载了河上和雄的论文。河上曾担任过东京地检特搜部部长，并最终成为最高检察院的检察官。他在论文中指出，企业不是国家机构，检察机关为求合法而过分干预会妨害企业的经营。

通过这本公开发行的杂志，可以看出工作在第一线的在职检察官与最高检察院的检察官之间出现了意见分歧。这真是前所未闻。川合提出的问题是，能否把授受价格会变动的证券作为行贿受贿或者非法提供利益来问责。这是在战前的"帝人事件"（详见第三章第一节）中就已经出现的问题，检察机关应该介入调查。而河上的反驳则是有关私企的经营决策自主权的问题。

在读过这两篇论文的检察官中，并没有多少人愿意就此进行本质上的讨论，甚至相对于田中森一等工作在第一线的检察官立案审查的主张，以最高检察院检察长伊藤荣树为代表的上级部门的反对意见更占优势。实际情况也是朝着这个方向发展的。

对检察系统十分熟悉的《朝日新闻》记者（当时任职于每日新闻社）村山治对此分析说："如果把事情闹大了，这很可能成为匹敌洛克希德事件的政治经济犯罪。可是当时的检察系统没有去处理这件事的心力。"

当时，审讯时间长达十多年的洛克希德事件终于下了一审判决，检察官们也终于能松一口气了。在洛克希德案中，追究当权的旧田中派的责任已经耗费了他们的太多精力。对检察系统的干部们来说，已经没有余力再拉长战线了。

成田死后 11 个月，田中从检察院辞职，转而为小谷光浩、宅见组的宅见胜等担任律师。他仿佛着魔了似的投身于泡沫经济，甚至亲自参与股票买卖。他在 2014 年去世。

检察院没有对三菱重工的 CB 问题立案，使得有违法行为的经营者得以继续执掌重权，并间接导致正义之人被打压放逐，也使山一证券失去了自我改善的可能性。

河上和雄对国家权力过度介入私企进行了规劝。但如果经营者们不遵守自由、公正的市场原则，就必须有人敲响警钟来防止违法事件发生。敲响警钟的可以是证券业的秩序，可以是企业自身的管理，也可以是大藏省的监督职能，又或者是主要媒体的批评。但在三菱重工 CB 事件中，它们都没有履行自己的职责。

三菱重工 CB 事件的违法性明显值得深究。成田却把它当成公司内部斗争的工具，企图对其立案调查的检察官也未能如愿。而且成田之死使得山一证券能毫无反省地延续旧式经营。因此对山一证券来说，从 1986 年到 1987 年的这段时间正是其转折点。

对永田信托的倾斜

距离总会屋的斡旋仅仅一年，距离成田死后还不到一年，行平次雄便于 1987 年 12 月 18 日回到山一证券成为副总裁，而且九个月后，他又于 1988 年 9 月 6 日升任总裁。

将成田逼上绝路的昏聩头目植谷久三虽然退居二线，仍然以董事顾问的身份干预公司事务。横田良男成为代表董事董事长，他一心扑在营业特金扩大路线的工作上。对于自己当初就任总裁时一同致力于扩大个人业务的追随者们，他毫不留情地将其逐出了公司。而对于在三菱重工 CB 事件与公司内部的权力斗争中好不容易渡过险境的行平来说，他唯一的目标就是在公司内部强化自己的权力。

山一证券完全专注于被称为永田信托的营业特金项目中。

在泡沫经济时代，总是有让人耳目一新的金融商品诞生。在 20 世纪 80 年代的泡沫经济中出现的新型金融商品就是特定金钱信托与指定金外信托。这两种商品都源于 1980 年 12 月国税厅的一纸规定：通过特定金钱信托购入的股票与债券可按账面价值分离处理。通过账面价值分离，公司财务部门以收益为目的的投资将独立于公司整体的资产，这也符合公司的需要。

在山一证券最先利用国税厅的这项改革采取行动的是永田元雄。永田是京都大学毕业的精英，他具有丰富的法人营业经验，曾经有一段时间坚定地支持行平。恰好那时候，由于银行获权可以自行决定大户定期存款的利息，所以在金融机构之间争夺法人存款的竞争十分激烈。证券公司以特金、信托银行以指定金外信托各自招揽顾客。特别是营业特金，这是一种完全依靠证券公司进行资产运用的信托，很受欢迎。

永田信托就是这样一种营业特金。它通过几近违法的高收益保证来筹集资金，然后尽公司全力来运用资金获取收益。这是一种终极的赌博式信托。它以股价不断上涨作为前提，也是相信股市会一路高涨的乐观主义金融商品。一旦发生意外，股价暴跌就会导致破产。

想要从破产中苟延残喘就必须粉饰财务报表。而公司面临困境时，也常常把新上市股票或者诸如三菱重工 CB 等可以不劳而获的金融商品算进来以减少公司赤字。同时，这也意味着这些颇具魅力的金融商品难以被财务状况健全的客户获得，对于证券公司来说，这无异于自杀行为。

当时，山一证券内部也有一群人察觉到了这种危险，想尽力将公司带回正轨。1985 年，永田信托刚发行不久，这个价值1000 亿日元的商品就已经肩负 300 亿日元的账外损失。营业企划部长吉田允昭对此抱有强烈的危机感，他要求使用本部公开招募股份的配股股份来消灭赤字，今后公开发行股的股东优先购买权应该由公司全体进行管理。

这时，公司内部围绕永田信托的对立暂时得到缓和，但1986 年后在泡沫经济加速的过程中再度变得尖锐。特别是总裁横田自己在决算对策中高声提倡 1 兆日元的营业特金作战计划，但对永田信托的高风险视而不见。

成田之死使山一证券错失了在经营路线上最后仅存的选择机会。

十年后的 1997 年 11 月 22 日，《日本经济新闻》登载了名为《山一证券自行停业》的独家新闻报道。11 月 24 日，山一证券一反常态在早上 6 点召开了董事会会议，在会议上决定按自行停业方向停止提供服务。在这场短短 30 分钟的董事会会议上，拥有 100 年历史的山一证券降下了历史的帷幕。

山一证券破产后，通过对它的各种追踪采访，人们普遍认为山一证券的破产在 1991 年事实上已成定局，因为在那一年，山一证券决定继续秘密掩盖 2600 亿日元的账外债务。但我认为真正决定了山一证券之死的时间，应该是四年前的 1987 年 1 月，也就是成田死亡之时。

从泡沫经济末期直到 20 世纪 90 年代负责公司经营的两代总裁，行平次雄与三木淳夫的经营责任当然不小。《公司内部调查委员会的最终报告书》以及《法律责任判定最终报告书》列出的参与隐瞒债务的相关人员也应该被严厉追责。我无意为他们开脱。但我认为，在三菱重工 CB 事件发生与成田自杀之时，执掌山一证券大权的植谷久三董事长与横田良男总裁才是真正的罪魁祸首。可逍遥法外的恰恰是这两个董事。

4 煽动人心的NTT股票上市狂热

　　在中曾根康弘政权下，由于行政改革的展开，部分国有企业被民营化。1987 年 2 月 9 日，作为首家上市民营企业，NTT（日本电信电话）的股票在市场公开发售。第一天的发行价为 119.7 万日元，第二天 2 月 10 日，股票的开盘价已经涨至 160 万日元。市值约为 25 兆日元的日本第一大企业——NTT 由此诞生。

　　在 1985 年 4 月召开的第二次临时行政调查会上，根据民营化方针，NTT 成为股份公司。1986 年 4 月，大藏相的私人咨询机构"NTT 股份买卖问题研究会"总结了公司股票出售的方针，即对于已发售的 1560 万股，确保政府保有其中的 1/3，剩余部分中的 780 万股将在四年之内售出，在第一年 1986 年计划出售 195 万股。按照这个方针，国有财产中央审议会决定股价由证券公司以投标方式来确定。野村证券被指定负责第一次股票出售业务。

NTT 股票公开发行之时，正是低利率催生泡沫股市的时期，这引发了意想不到的抢购狂潮。这种异样的狂热正是《广场协议》引发的泡沫经济已经在百姓生活中普及，使人们的价值观发生动摇的佐证。

实际上，从决定让 NTT 股票公开上市到股票真正上市的这一段时间，象征着泡沫经济的人间百态在历史的舞台上不断上演。

被封存的"当事者试算价格"

NTT 股票的真实价格到底是多少？NTT 股票决定上市后，各种各样的分析家，以及调查部门相关人员都试图计算 NTT 股票的实际价格。由于 NTT 本是国家垄断企业，不存在可与之竞争的对手，同时不同国家的通信事业受到不同法律法规的限制，因此很难对其股价进行比较正确的试算。

大家还是以同为公用事业单位的电力公司作为参照，从不同的立场算出了不同的股价。野村综合研究所是负责本次股票发行工作的野村证券公司的智库，他们以企业价值为基础对 NTT 股票进行了当事者试算。我从野村综合研究所的负责人那里了解到，他们的试算价格为"每股约 50 万日元"。

但野村证券主管股票业务的干部以及他的团队并不这么想，他们把市场的景气状况以及股票上市后推动价格上涨的因素也考虑在内，乐观地做出了股价为 80 万至 90 万的判断。

后来想想，其实野村综研的试算价格具有一定的合理性。但这次试算的结果被野村证券永久封存了。这是一个宝贵的实证，它表明就算是在确定企业上市股的初始价格时，企业的基础价值与股价之间也有偏差（泡沫）发生。

10月，根据证券公司的投标结果，正式决定以119.7万日元的发行价向个人投资者出售NTT股票。1986年11月股票申请认购时，由于申请认购人数高达1060万人，只能依靠抽签来决定实际认购人，当时的抽签倍率为6.4倍。1987年2月，NTT这家股东多达165万人的庞大上市企业诞生了。

如今回望这个数字，就能了悟NTT股票上市在当时是多么大的实验啊！股票认购申请人数为1060万人，这约占日本人口总数的1%。而且股东数为165万人，这是当时日本全部股东人数2000万的8%，其中有相当大一部分人以前从未与证券公司打过交道，属于首次购买股票。

对于日本的股市来说，这是一场席卷全民的盛大实验，但几乎没有人对其意义与重要性有充分理解，尽是在盘算能够从本次NTT股票买卖中获利多少的市井之人。

股票上市后也呈现出人气爆棚的异常景象。当时在地价与股价竞相攀升的大环境下，它点燃了人们对金钱与财富的欲望。也有人基于NTT持有的广大土地而看好它的股票。热潮之下，还有别的证券公司对NTT股票的第二次发行业务虎视眈眈。证券公司之间的业务竞争也导致股价高涨。

三个月后的4月22日，NTT股价已经高达318万日元。按照这个价格换算，本次PER（股价收益率）超过300倍以上。如果从指标的合理性来看，那无论如何也无法说明这个结果。到1987年7月，该股价降至谷底为225万日元，其后又反弹上升至

300 万日元高值。但经历"黑色星期一"以后一直走低，到 1989年 10 月降至 135 万日元。

引人注意的是，虽然 1987 年 10 月经历了"黑色星期一"股市暴跌，但政府还是两次强行出售 NTT 股票。1987 年 11 月 10日进行第二次出售，出售总额为 195 万股，发行价为 255 万日元。1988 年 10 月 20 日进行了第三次出售，这次总共出售 150 万股，发行价为 190 万日元。

从 1988 年至 1989 年，这是日本泡沫经济的鼎盛时期。尽管如此，NTT 的股票仍然销售低迷。个中缘由恐怕与政府的第三次强行出售分不开。反过来说，也可以说正是因为泡沫经济呈现出繁华消逝前的最后绚烂，所以 NTT 股票第三次发售才得以完成。

泡沫经济破灭后，20 世纪 90 年代 NTT 股票的售价低于首次发行价 119.7 万日元。1992 年，股价跌至 50 万日元左右。这是当初野村综研试算出的、未能现于世人眼前的合理股价。

NTT 股票公开上市的功与罪一言难尽，不管怎么说，其最大的功绩应该是完成了这一惊人壮举：一家市值为 25 兆日元的巨大企业在日本成功上市。这说明日本的企业不再依赖银行的间接金融，走向了利用股市的直接金融新篇章。

NTT 股票上市背后的目的并不是要筹集资金，而是要出售政府当时所持的股份。如果没有 1987 年这个异常的投机时代中人、财、物的快速流动，如此大量的政府所持股也不可能顺利地售出。国营企业成为股份公司，进而转变为上市公司成功实现民营化，这都应该归功于泡沫经济。

但它也有弊端。对于喜好将个人金融资产存在银行的日本人来说，NTT 股票的公开上市，无论其规模还是股东人数，都带来了思想冲击，而这为股票投资走入寻常百姓家制造了千载难逢的机会。由于股价在仅仅两个月的时间内就暴涨将近三倍，使得其后的十年中，NTT 股票长期处于低迷状态。因此它无法成为长期投资的典范。

泡沫经济提升了资本主义的能量，而资本主义也裹挟着泡沫经济的功过成败呼啸前行。无论从政治还是经济的角度来看，NTT 的民营化与股票上市都是象征泡沫经济时代的一出好戏。

致力于通信事业的两个男人

当时有两个野心家，他们把 20 世纪 80 年代看作自己的机会，意图借助 NTT 的民营化与股票上市让自己仕途高升。其中一人是日本第 71 代首相中曾根康弘，另一人是真藤恒。真藤从石川岛播磨重工业的总裁起步，是日本电信电话公社（电电公社）最后一任总裁，也是电电公社民营化后变为 NTT 的第一任总裁。这两个人因土光敏夫结缘，他是战后日本体系最后的偶像。

中曾根于 1982 年 11 月 27 日至 1987 年 11 月 6 日的五年间担任日本首相，就任时被人们讽刺为"田中曾根内阁"，大家认为他其实是被田中派操纵的提线木偶。中曾根退任时却被评价为杰出的首相。中曾根以"战后政治清算"为口号组建了自己的内阁，那同样也是日本经济清算的时期，中曾根政权充分利用了这个时期。

中曾根就任首相前的两年，在铃木善幸的内阁中担任副首相，主管政府的行政管理厅。1981年土光敏夫就任第二次临时行政调查会的会长时，中曾根曾请他予以关照。1983年中曾根任职首相之时，其政权的政治课题"无须增税的财政重组""三公社民营化"就是以土光为首的第二次临时行政调查会（简称"土光临调"）的行政改革相关报告中提到的内容。

当时正是全球化进程不断加速的时期。1979年5月4日在英国诞生的撒切尔政权推行了以彻底的放松管制和民营化为特征的新保守主义经济政策，被称为"撒切尔主义"。当时，英国由于长期执行工党政策，国营企业不断增加，经济陷入停滞，国家背负了严重的财政赤字。因此民营化成为撒切尔在政策上的王牌。1984年，英国电信（British Telecom）股票上市就是撒切尔政权民营化政策的象征。

1981年1月20日在美国诞生的里根政权也推行了有里根经济学之称的新保守主义式经济政策。里根以"禁止垄断"为口号，首先在航空业与通信业中推行了自由化政策。这其中对通信业的AT&T公司施行的反垄断政策是激励美国信息通信产业飞跃成为世界行业领导者的关键政策。

对于世界上所有的发达国家而言，通信技术都是技术革新的最前线，将原本由国家管控的组织民营化是技术革新的必然要求。

中曾根康弘并非特别关注经济的政治家，在本质上也不是一个市场主义者，更不是小政府主义者。与同时代其他保守的政治家相比，他最擅长察言观色，顺势而为。

当他发现"新保守主义""放松管制"与"通信行业"等关键词之间具有明显的关联时，他在土光临调提出的日本国有铁路（JR）、日本专卖公社（JT）、日本电信电话公社（NTT）三大公社民营化中，把NTT的民营化问题放在了最优先的位置。

在此前后，日本由于其金融体系的封闭性受到来自海内外，特别是美国的批评。1983年，以里根访日为契机成立的日美间日元美元委员会、日本与其他国家围绕金融自由化与外汇政策发生的摩擦与协调，以及最终达成的《广场协议》，这些历史都反映了中曾根政权的新保守主义面向。对中曾根来说，将自己塑造成与里根、撒切尔并列的新保守主义三剑客之一，正是巩固自己权力地位的战略。

行政改革是中曾根政权的象征，而其中最大的卖点就是"NTT的民营化"与它的"股票上市"。

中曾根康弘与真藤恒因土光敏夫而结缘。

真藤恒在担任石川岛播磨重工业的总裁时就对公司进行了彻底的经营改革。他曾经推行所谓"博士合理化"的改革，也就是按照标准规格制造船舶，并由此达成了打败行业王者三菱重工的快举。由于造船行业日落西山，仅凭一己之力实在难以力挽狂澜。1979年，他因为公司大量裁员一事从总裁位子上引咎辞职。

土光临调的会长慧眼识英才，看上了真藤的才能，推荐他做电电公社的总裁。土光是石川岛播磨重工业的前任总裁，在经团联[1]也是叱咤风云的人物,对真藤来说,土光是他名副其实的导师,是他兄长一般的存在。1981 年,真藤恒就任电电公社总裁,当时,电电公社正在着手民营化,而主管日本行政改革的副总理正是中曾根。于是通过土光这条纽带,中曾根与真藤这两位民营化路线的主角正式登上 20 世纪 80 年代的历史舞台。

凭借土光敏夫与真藤这对师徒,电电公社的改革在事实上成为民营化第一线的榜样。1983 年 9 月 6 日,自民党的"电电基本问题调查会"的"电电事业小委员会"正式决定了"电电改革方案",并提交给了中曾根康弘首相。

1985 年 4 月,电电公社废弃了内部拆分的提议,在原有体制上进行民营化,并转变为日本最大的股份公司。当时,日本国民与中曾根政权的注意力都转向了预计于 1987 年年初上市出售的 NTT 公司股票。当时没有对 NTT 上市后通信行业的竞争制定明确的方针政策,这使得 NTT 难以描绘其长期经营蓝图,也对NTT 股票上市后形成健康的股价造成阻碍。

NTT 股票于 1987 年 2 月上市后的暴涨与其后的一系列动荡很容易被归结为泡沫经济的恶果。但政治家、官员、NTT 的经营者,都没有为 NTT 的经营与长期发展制定蓝图,这也是造成混乱的要因之一。

股票上市只不过是一个开始。NTT 经营者的责任应该是获得股东的信赖,制定公司经营的长期战略,为余下的公开销售股

---

1 经团联的全称为"日本经济团体联合会",是主要由日本上市公司组成的行业团体。对日本的经济界具有重大影响,其会长甚至被称为日本的"财界首相"。

创造良好声誉。这其实也是作为监管机构的邮政省和影响NTT发展的政治家的责任，但当时并没有人意识到这一点。

中曾根政权终于到了谢幕的时候。中曾根巧妙地发挥其手腕，成功地使NTT走上民营化的轨道并成为国民关注的焦点。当NTT股票上市后，随着人们的焦点转移，中曾根也丧失了对NTT的兴趣。

如果真要找出一个还算对NTT负责的人，那么这个人就是真藤恒。作为NTT的总裁，真藤必须负责塑造NTT的新经营形态。具体内容就是确立能够在国内外的激烈竞争中始终保持领先的管理体制，在信息通信产业不断推陈出新的态势下，确保公司在国际竞争中也能占有一席之地。

但在自由民主党、邮政省以及全电通（电电公社的工会）等各种关系部门的利益纷争下，真藤甚至在公司是"拆分"还是"统合"的根本问题上都无法做出决定，满腔抱负终成泡影。

1989年3月6日，真藤因里库路特事件被逮捕。这个日本最大股份有限公司的总裁，20世纪80年代民营化路线的象征，一落千丈成为阶下囚。

并不只有真藤接受了里库路特Cosmos公司的未上市股票，借此不劳而获的还有掌握实权的政治家、官员、媒体老板和财界要人等各色人等。

以真藤为首的NTT，即使在1985年民营化以后，也依然按照NTT法享有特殊法人待遇，真藤实际上也享受着公务员待遇，因此真藤帮助里库路特公司获取专用线路的再贩卖权和美国制造的超级电脑，并由此获得里库路特Cosmos未上市股票一万股作为感谢之事，被东京地检特搜部判定为受贿罪。但坊间也有传言说，这是居于政治考量的国家阴谋搜查。

真藤被捕后，NTT 的股价长期处于低迷状态。

1987 年围绕 NTT 股票上市出现的狂热象征着泡沫经济已经渗透进百姓的生活层面。

没能购买到 NTT 的股票，失去这一夜暴富的机会，百姓的羡慕嫉妒之情终于在其后的里库路特事件中化成对政治家、官员、经营者的滔天怒火，将他们吞噬殆尽。

NTT 股票上市引发的狂乱，以及其后的里库路特事件使百姓越来越不相信政府，最终导致从 1955 年以来主宰日本政府将近 40 年的自民党一系的支配体制垮台。

当时，政治家、官员以及私营企业家们对此都毫无警觉。即使有所警觉也没有勇气力挽狂澜，这就是当时的社会风气。

5 大藏省失策扩大特金与指定金外信托

1987 年 10 月 19 日星期一，纽约股市股价暴跌。纽约证券交易所的道琼斯 30 种工业股票平均价格低于 508.32 美元，下降率为 22.6%，创下了历史最大降幅。第二天东证的日经平均股价也大幅下降，比前一天低了 3836.48 日元，下降率高达 14.9%。

其后，日美欧三地的股市互相影响，其连锁反应导致股市在一个月之间大幅波动，世界股市呈现恐慌状态。后来回想起来，日本的股市在 11 月 11 日降至最低值 21036 日元，其后开始上升。到 1988 年 4 月已经超过"黑色星期一"之前的最高值 26646 日元，其后一直呈牛市状态并于 1988 年至 1989 年间一头扎进狂热的泡沫经济的终场。

"黑色星期一"以后，众多专家学者从各种各样的角度将之与 1929 年的"大萧条"进行了对比。面对现实世界的股市问题，他们给出了美国式的高效实用解答。

1988 年 1 月，在由尼古拉斯·布雷迪委员长（他后来成为美国财政部部长）总结的《关于稳定股价的特别报告》（通称《布雷迪报告》）中指出，股市暴跌的主要原因在于大投资机构使用程式交易进行买卖，特别是许多投资机构所使用的被称为"投资组合保险"的套头交易。现在被当作市场地雷的高频交易就是在那时萌芽的。

对于这些在投资机构的主导下诞生的流动性危机，市场管理部门提出熔断机制来进行管理，建立起了通过价格限制来管理市场的新体系。

布雷迪委员会的报告指出了在"黑色星期一"中暴露的技术层面的问题，但这并不能消除市场本身的危机。

"黑色星期一"到底意味着什么？它意味着由美国主导的金融市场在短短两年之内丧失调节机能进而崩塌。而这个金融市场以 1985 年《广场协议》中的汇率最优先条款为基础。同时，它也是世界金融市场动荡的预兆。此后，1997 年的亚洲金融危机、2008 年的雷曼兄弟事件、2016 年中国以及以欧元市场为中心的世界金融市场的暴涨暴跌相继发生，以外汇、利率、股价三要素为特征的全球金融市场在赌场资本主义化的道路上越陷越深，引发了一次次世界规模的大混乱。

基于《广场协议》，在美国的要求下，三元三次方程式中的"外汇"要素按照日元和联邦德国马克升值、美元贬值这个方针被固定下来。剩下的"利率"与"股价"两个要素却无法配合由政治所决定的外汇市场进行联动反应。矛盾于是就以各种各样的方式在市场上呈现。

1987 年春的《卢浮宫协议》就是历时一年五个月后对有功能缺陷的《广场协议》的政治修正，但它也很快失去调节机能。在"黑色星期一"到来之前，美国强烈要求日本与联邦德国放宽金融管制，而日本与联邦德国则因各自国内的情况想要下调利率，二者一直在暗中对抗。

引发股价暴跌的导火线是联邦德国违背美国的意图实施了金融整顿。联邦德国对短期利率的上升进行了诱导，对此，美国财政部长贝克大为光火，他宣称："需要考虑重新修订《卢浮宫协议》。"这时《卢浮宫协议》刚刚生效半年不到，贝克的态度表明，他不愿再遵守以维护通货稳定为主旨的《卢浮宫协议》，哪怕是重新回到《广场协议》时期美元急剧贬值的状况也在所不惜。据说这就是"美国主导的股价暴跌"的由来。但贝克对自己的责任视若无睹，反而指责"黑色星期一"是因联邦德国的利己主义而起，将责任推给了联邦德国。

股价暴跌后的日本与联邦德国在金融政策上的差异显而易见。1987 年 12 月，日本与联邦德国的法定利率都是 2.5%，此后为了防止通货膨胀，德意志联邦银行在 1988 年 7 月与 8 月两次将法定利率提高 0.5%，1989 年 1 月与 4 月再次分别提高 0.5%，联邦德国的法定利率最终为 4.5%。

在这段时间，虽然日本银行副总裁三重野康再三强调"日本经济现在情况紧急"，但日本的法定利率被搁置不管长达两年以上，到了 1989 年 5 月才终于从 2.5% 提升至 3.25%。这项超低利率政策与联邦德国的金融政策完全不同，与其说是基于日美协作，不如说是由于美国强迫而形成的。毋庸置疑，这项政策触发了日本泡沫经济的产生与蔓延。

特金与指定金外信托的决算弹性化

并不仅仅如此，日本的许多政策完全是火上浇油。"黑色星期一"的两个半月后，1988年1月5日大藏省公布的"以特金与指定金外信托的决算弹性化和生命保险适用范围的扩大为轴心的对策"就是这种政策。

简而言之，这个政策就是告诉大家，到了3月的年终决算时，对于投资特金和指定金外信托进行资产运用的企业与投资机构来说，应该积极利用理财技巧处理亏损，不要将其记入账簿对外公开。

1988年1月5日上午，我作为当时日经驻兜町记者俱乐部的王牌记者，被大藏省准备接受采访的干部紧急叫了出去。他对我说："从去年的'黑色星期一'，特别从年底以来，日本股市在2月将出现危机的谣言甚嚣尘上，对此，大藏省必须要有所动作。"然后，他向我介绍了大藏省应对危机的基本政策。

就银行（金融机构）而言，第一是继续采用"低价法"[1]，第二是对决算出现问题的金融机构进行个别指导，第三是对金融机构为了制造盈利假象出售股票的行为进行限制。

就生命保险而言，第一是在计算作为合同方分红指标的总资

1　在对资产进行评估时，不管是原价还是时价，一律采用价格比较低的一方进行评估。如果原价低于时价，则采用原价；如果时价低于原价，则采用时价。

产收益率时，应该减去估价亏损额；第二是特金与指定金外信托在总资产中所占的比例从3%扩大至5%。

就实业公司而言，从1988年3月的决算开始，允许它们选择低价法或原价法进行资产评估。

就投资顾问公司而言，则采用将股票的账外收益、账外损失也加以计算的新的资产评估方法。

当时由于"黑色星期一"的股价暴跌，各实业公司都对3月的年终决算感到苦恼万分。采用原价法而非低价法来评估特金与指定金外信托意味着，在结算时，企业可以运用理财技巧避免将有价证券的账外损失记入账簿。这项措施很有可能助长伪造财务数据的歪风，即使在资产运用中失败，企业也可以通过恶意使用原价法伪装盈利。

生命保险在1984年外汇自由化以后逐年堆积的外债投资，因《广场协议》后美元价格下跌，产生了巨额的估价亏损。上述政策措施不但使生命保险可以避免在3月的决算中记入该亏损，同时使生命保险又多出了其总资产的2%，可以用作特金与指定金外信托的理财资金，投资国内的股票。对生命保险的资产运用负责人来说，这仿佛像是上级主管部门大藏省在告诉他们："不必考虑潜在损失，只管买股票就好。"

1月6日，《日本经济新闻》用了三分之一的头版，而《日经金融新闻》甚至用了整个头版来对此项政策的功罪进行讨论。

当天的东京股市在早晨的时候只有小幅波动，但到了午盘，股市全面高涨，收盘时的日经平均股价为22790.50日元，比前一天高出1215.22日元。从上升幅度来看，仅次于"黑色星期一"

暴跌后的 10 月 21 日反弹的 2037.32 日元，创下了史上第二的纪录。一直以来对所持股的不断下跌深感不安的生命保险、银行等投资机构开始购入股票，甚至个人股东也开始入市，当天的交易额为 9.8 亿股，股市再次回到两个半月以前的水平。

1988 年至 1989 年这段时间是泡沫经济的终场。现在回想起来，这一天是一个起点。股市从此进入泡沫经济在终场时的最后绚烂。

特定金钱信托在 1986 年增加到 11.6 兆日元，1987 年又增加了 10 兆日元以上，运用余额高达 30 兆日元，其中股份的比率也从 1985 年年底的 27% 提升至 1986 年年底的 35%，到 1987 年的 11 月末甚至高达 43%。

不知从何时起，特金超出了方便理财技巧施展这一会计的范畴，化身成为连接实业公司、公共机构和生命保险公司与证券公司的营业特金，这种金融商品声称保证收益率，却具有高度违法性，被称为"握手"[1] 特金。而且号称资产运用专家的信托银行运用的指定金外信托也堕落成了同营业特金一样，靠保证收益率来吸引顾客的商品。

"在泡沫经济时代，人们将信用创造的扩大当成了具有革新意义的金融现象。"日本的评级先驱者三国阳夫在很早的时候就做出上述发言，为人们敲响了警钟。

在 20 世纪 20 年代的美国，直到"大萧条"发生之前，共

---

1 证券公司在劝诱客户缔结契约时，常常会诚恳地握住对方双手，信誓旦旦地保证必定得到高额利息，由此坊间戏称为"握手"。

同基金（公司型投资信托）都是促使信用过度扩张的罪魁祸首。投资信托购买别的投资信托，又被另外的投资信托购买，这种连锁的公司型投资信托纷纷问世。谁也没把投资股票的时价与母基金的时价之间出现的巨大差额放在心上。

在 1965 年日本的证券市场萧条中，股票投资信托与长期信用银行发行金融债的委托运用制度是激化矛盾的祸根。而在 20 世纪 80 年代的泡沫经济时代，毫无疑问是特定金钱信托，特别是由证券公司运用的客户全权委托型营业特金，推动了泡沫的产生与发展。

理财技巧背后的银行融资

1987 年 10 月由于"黑色星期一"引发的日本股市暴跌，从某种意义上来说，是将运用特金与指定金外信托定型为正经理财技巧的机会。

企业通过长线投资获得的增值收益，以及通过交叉持股等政策投资获得的增值收益都作为长期投资记入账簿。而以几个月或几年为单位的短期运用，则通过特金或者指定金外信托来把握盈亏状况。为此需要在每一个决算期规规矩矩地采用"低价法"，即在原价与时价之间取低值来评估资产，这才算是理财技巧。

但重点企业与金融机构并不这么想。它们更喜欢利用原价法隐藏账外损失，只在为了盈利投资时才按需出售相对数额的资产。对企业和金融机关而言，原价法是方便隐藏资产运用失败的好工具。

银行不仅以低利息将大量资金贷款给企业与公共机构进行土地投资，还致力于让它们贷款去投资特金和指定金外信托。如果企业发现投资特金与指定金外信托会亏损，它们便会退出这场理财技巧游戏，并将贷款的钱还给银行，这是银行最不愿看到的。

虽然在宣扬理财技巧的时代，所谓的资产运用被各大媒体吹得天花乱坠，但企业、投资机构与金融机构都没有意识到自己的责任，也没有基于自己的责任做出专业的决策。虽然不想承担风险，但也不想错过靠理财技巧获利的好时机。大家都抱着人人都在做、不做白不做的侥幸心理。那些所谓用于理财技巧的资金都流向了特金与指定金外信托。

1988年1月5日大藏省的决定其实是为了能够平稳度过3月的年度决算。它放任了因实业公司、证券公司与银行三方的失职导致理财技巧出现的问题，将矛盾留给了未来。

大藏省的干部对于特金与指定金外信托的运用规则并不十分熟悉，所以他们无法预料到放松对特金与指定金外信托运用规则的管制将会使矛盾扩大。他们一心只想鼓励实业公司与投资机构购买股票来稳定股市。他们唯一共同的信条就是"'黑色星期一'引发了世界范围的股价暴跌，日本绝对不能成为触发世界经济大萧条的那一个"。

结果，由大藏省推出的特金与指定金外信托对策和银行的融资与运用成为一套组合，它们共同推进与扩大了具有房地产抵押贷款性质的理财技巧。大藏省的做法相当于是在说，哪怕是借钱，公司和企业也要运用理财技巧。

包括山一证券公司在内的证券行业倾尽全力积攒的"保证

收益率"的营业特金，并没有被当作具有高度违法性的商品，而是作为正常的商业行为，没有受到多少关注。

在泡沫经济的鼎盛期，市场呈现出一种失控的骇人景象。预言了雷曼兄弟债券事件的诺贝尔经济学奖得主罗伯特·席勒将其称为狂热。用日式谚语来解释这种心理就是"跳舞的人是笨蛋，看的人也是笨蛋，既然都是笨蛋，还不如当一个跳舞的笨蛋"。

从大藏省公布特金与指定金外信托对策的第二天，也就是从 1988 年 1 月 6 日开始，日经平均指数基本上呈现一路攀升的状态。1 月 6 日时为 22000 日元，到了 1989 年 12 月 29 日年底最后一场交易结束时已经升至 38915.87 日元。特金与指定金外信托的资金运用余额也从 1987 年年末的 30 兆日元涨至 1989 年年末的 43 兆日元。

日本股市的市值总额超过了美国。于是欧美各国对"世界金融大国"日本施加更大压力，要求日本施行能够支援欧美的金融政策。这是日、美、联邦德国应该牵引市场的所谓"火车头论"导向的金融缓和。

虽然为时已晚，但从 1989 年年底开始，大藏省证券局还是对使用特金与指定金外信托的理财技巧的异常状态产生了危机感。当时最早暴露异常的是大和证券。大藏省证券局在处理大和证券的大客户损失赔偿的过程中，渐渐认识到全权委托证券公司运用的"握手"特金，即所谓的保证只盈不亏的营业特金，几乎都是具有高度违法性的。

大藏省证券局在 12 月 26 日以局长角谷正彦的名义公布了

《改善营业的通知》，其内容是："目前由证券公司进行资产运用的营业特金将在一年之内，转由投资顾问公司进行运用。"与此同时，虽然通知中没有明确表示，但对相关单位做了行政指导，要求它们必须在 1990 年 3 月的决算期之内，对所谓的"跳过"（飛ばし，一种保证收益率的运用资金，但不记入证券公司的账簿）与营业特金进行整顿。

要达到这些要求，使营业特金合约解除工作顺利进行的前提是，到 1990 年 3 月为止股市不会发生暴跌。大藏省为此赌了一把。

1990 年开春不久，股价开始急剧下跌。3 月 30 日，日经平均指数已经从 3.9 万日元左右跌破 3 万日元，到了 10 月突然降至 2 万日元以下。

坊间开始出现批评的声音，认为就是上述 1989 年 12 月角谷局长颁发的通知导致了泡沫经济破灭，使金融产生混乱。这种看法过于肤浅。角谷证券局长的决定不过是中止了大藏省一直以来的渎职行为。1988 年 1 月由大藏省所做的决定才是引发泡沫经济的原罪。角谷颁发的通知是正确的，但它为时太晚，无力回天。

6 改变企业行动原则的"理财技巧"

"难道媒体没有为泡沫经济煽风点火吗？我认为日经应该承担主要责任。"从 1990 年泡沫经济破灭开始的十年被称为"失去的十年"。在这段时间，我经常从读者抑或采访对象口中听到上述观点，而他们常以"理财技巧"一词作为证明的例子。他们认为理财技巧与泡沫经济这个组合正是万恶之源。

不可否认，确实是日经创造了"理财技巧"一词并使其普及。这是因为"理财技巧"一词与日本泡沫经济的形成与发展有紧密联系。

从 1983 年 7 月 31 日到 9 月 6 日，《日本经济新闻》登载了以"理财技巧时代"为专题的系列报道，包括周末版共 30 回，由日经证券部负责编写，当时我也是其中一员。

科技革命下对电脑的广泛应用、金融自由化在全球化浪潮中的加速进行、间接金融日渐被直接金融取代、流通经济开始转向资产经济，这些变化让企业迎来了一个积极利用账外资产（账外收益）的时代。走在时代前列的企业为了协调集团内部的经营，开始追求集团的财务–会计一体化。

围绕企业的社会环境也在全球化、金融自由化与信息化浪潮中发生了巨大改变，一直以来作为背景板的财务–会计开始慢慢成为企业经营的中心。为了说明这点，日经使用了"理财技巧"一词。这个生造词最初被写成片假名"ザイテク"[1]，后来又使用了汉字的"财"，变成"财テク"。1985 年以后，这个词迅速在日本社会得到普及。

从过去对理财技巧的议论中，我们已经清楚地看到，企业正在通过合理的财务战略，将经营的重心慢慢转向改善营业外收支，这个目标非常明确。衡量企业收益的基准已经从营业利润转向经常利润。

贸易公司打头阵

理财技巧的勃兴源于全球化与金融自由化。准确地说，最初利用的是海外与日本在自由化上的时间差。从这个意义上说，依靠金融知识与全球讯息谋生存的大型贸易公司当然会成为使用理财技巧的排头兵。

从 20 世纪 80 年代前半期到泡沫经济破灭，一直与日本的理

---

1 "ザイ"是日语"财"的片假名写法，意为财务；"テク"是日语"テクノロジー"的缩写，意为技术。

财技巧的发展同步，积极采用新型资金筹集方式，并且在世界范围内加以运用的就是三菱商事公司。

指导三菱商事财务战略的人是太田信一郎。太田曾经在三菱商事的美国分公司主管财务长达七年之久，1982 年，他回国就任公司总部的财务部长。他任职之时就活用评级制度进行证券发行，积极获取低利率融资。1982 年 4 月，三菱商事发行的以外汇结算的可转换公司债券被认定为最优良的 3A 债券。以此为支点，三菱商事于 11 月在日本市场上首次发行了无担保普通公司债券，又于 1983 年 5 月在欧洲市场发行了可以利率互换的普通公司债券，这是日本企业首次发行此类债券。

太田还将通过低息融资获得的资金积极用于购买金融商品。特别是 1987 年以后，日本国内允许发行商业票据（Commercial Paper，以短期融资为目的发行的一种无担保期票），太田将发行商业票据获得的资金用来投资利息更高的可转让定期存单或大额定期存款，由此赚取利息差价。

三菱商事商业票据的发行余额在泡沫经济高峰期的 1988 年高达 1 兆日元以上，在一段时间内，它甚至超过日本全国商业票据的发行余额的 20% 以上。在 1989 年 3 月期的结算中，三菱商事的营业利润超过 2 兆日元。

太田的战略就是，以全球化为支点从国内外筹集资金，并通过多样化资产运用来确保获得利润，以此让公司的财务部门成为收益中心。另外还在企业设置主管并购的部门，这个金融部门不但要负责向交易伙伴融资，而且要积极向对方推销财务技能与理财软件。

简而言之，这是在贸易公司内部创建欧美式投资银行的一种构想。这种主动出击型金融业务的展开与太田一直以来减少对银行依赖的主张相辅相成，在金融界造成了诸多影响，而且在三菱商事公司内部也引发了冲突摩擦。

举个简单的例子，比如公司的相关部门抱怨财务部门不帮他们抵消外汇风险。还有营业部门对财务部门长期积累的不满，他们认为财务部门以低价筹集资金，但在公司内部的融资汇率上却不肯施惠。1986年，三菱公司推出按部门独立结算盈亏的体制，并将财务部门作为盈利的中心。从1986年到1990年为止的五年间，财务部门盈利1100亿日元这件事本身也导致了营业部门的不满。

太田向公司发起了挑战，他希望明确财务部门在公司的地位，它到底是收益部门，还是辅助营业的管理部门。在这个从营业利润走向经常利润的时代，公司的盈利应该归功于财务部门还是营业部门，这无论是对公司还是对公司职员都是一个涉及功绩评价的根本性问题。

就外部环境而言，由于能够通过直接金融以低利息筹集资金，所以企业也不像以前那样依赖银行。可以说三菱商事自身已经开始具备金融功能。而太田就是理财技巧时代的天之骄子。

但很快就迎来了泡沫经济时代。在这股时代浪潮中，来自专业财务战略的利润减少，地价与股价上涨却带来异乎寻常的暴利，三菱商事也迷失其中。越来越多的人开始倾向于依靠证券公司与信托公司的关系，以取得营业特金与指定金外信托等"保证收益率"的理财技巧商品，这股潮流已经无人能阻挡。对太田来说，一个他不愿看到的时代拉开了序幕。

理财技巧的翘楚——阪和兴业

大约在 1988 年，日本银行的总裁澄田智对其友人、日新制钢的董事长阿部让说："阪和兴业这公司真棒！"阿部以前是新日铁公司的副总裁，长期以来主管钢材销售。从他的角度来说，阪和兴业不过是有生意往来的一个小钢铁贸易公司，当他从日本银行总裁的嘴里听到阪和兴业的名字时，难免有点吃惊。

澄田其实是在夸奖阪和兴业在外汇市场上的亮眼表现。当时，阪和兴业的外汇买卖金额一天甚至超过 1000 亿日元。在外汇交易市场，瑞士银行被称作"苏黎世的小鬼"，而阪和被喻为"东洋的小鬼"。

阪和的北茂总裁接过哥哥北二郎打下的江山，仅仅在五年之内就将公司变成了彻头彻尾的理财技巧企业。当时北茂在接受《日经商贸》杂志采访时曾说过："谁都没想到，创业 36 年只积累到 290 亿日元的自有资本，在我上台后短短五年间能增加到 1700 亿日元。""与银行交叉持有的股票有 8000 万股，这里头应该有 1000 亿日元的账外收益吧。""土地的账面价值也从 50 亿日元增加到了 2500 亿日元。"不知不觉中，该公司的自有资本已经排名全国第六，仅次于三井物产、三菱商事、丸红、伊藤忠商事、住友商事五家公司；在销售纯利润方面，甚至超过三菱商事排名第一。

日银总裁澄田夸奖阪和，夸的不是阪和兴业在主要业务钢铁交易上的稳健，也不是它对关西企业薄利主义的良好继承。而阿部也不会意识到，当北茂这个靠钢铁批发成名的商人所奉行的成长主义和金融紧密挂钩时，将会给企业带来多么大的风险。

北茂全然醉心于自己的成功，断言："能够带来如此高利润的理财技巧，怎能轻易放手。"虽然他未曾公开反对作为董事长的大哥北二郎和退居二线的二哥名出良作，但也曾狂言："如果最开始由我来当公司总裁，公司规模将是现在的十倍。"

当时阪和兴业的职员有一千多人，包括负责外汇交易的六名职员在内，理财技巧部门的职员全部不过十人。他们只占公司职员总人数比例的1%，却创造了将近两倍于主业部门的利润。1988年，这种异常的失衡在其他运用理财技巧的企业也多少存在。

在不经意间，阪和兴业的总资产，包括商业票据发行余额在内已经超过了10兆日元。特金与指定金外信托的余额也高达6000亿日元，其中的大半是在股价高涨的前提下，证券公司与信托银行给予收益率保证的"握手"特金。

1989年春，在阪和内部出现了质疑的声音。负责大阪钢铁销售的专务寺田俊三向北茂谏言，要求"在限定金额内运用理财技巧"。这个提案其实也是所有销售人员的心声。但北茂对此置若罔闻。同年5月，寺田从专务一职退位。

八个月后的1990年1月，股价开始暴跌。直到1994年北茂总裁退位，股市也未见一次反弹。新任总裁是北二郎的儿子北修尔，他曾是通产省的官员，上任伊始他就着手再建公司。

1999年，公司创始人北二郎去世，寺田作为他生前最喜爱的弟子，在《追想北二郎》一文中回忆道："我仅做过一次违背北二郎董事长意愿的事，时至今日我仍感万分愧疚。1989年，针对当时公司以理财技巧为中心的经营，我向北茂总裁进言，要求对使用理财技巧的金额予以限制，这也是当时的贸易伙伴与公司职员们的心声，但遭到了反对。我想，如果我辞去专务一职，大概多少能起到为公司敲响警钟的作用，所以递交了辞职信，也得到了批准。当我向北二郎董事长报告此事时，董事长大吃一惊，尽力挽留。但在理财技巧至上的时代，高山流水难觅知音，再加上我又不想舍弃底线，所以拒绝了董事长的好意。"

寺田想要维系的到底是什么呢？是公司秉持匠人精神的传统吗？是阪和兴业的存续吗？还是维护家族经营的历史呢？

关于阪和兴业，人们熟知的是它在股市暴跌后面临的经营危机，以及围绕损失补偿与山一证券破产的相关问题。在这里必须明确的是，与其说在经营者的率领下积极成为理财技巧企业是阪和兴业失败的起点，不如说，大环境的变化，即金融自由化使得企业可以通过海内外证券市场以低价筹集资金，才是问题的根源。20 世纪 80 年代阪和兴业的所作所为不过是一家对时代敏感的理财技巧企业理所当然的举动罢了。

以海外的证券市场为主要舞台，日本证券公司的当地法人与经营权归属于日本的银行的海外银行（比如住友银行系统的圣哥达银行）之间，围绕可转换公司债券、附认股权证公司债券与商业票据的销售在市场上展开了激烈的竞争。

凭借公司决策人员的优秀领导才能与果敢的决策，阪和兴业迅速在使用理财技巧的企业中脱颖而出。特别是在附认股权证公司债券的发行上抢先一步，比别的大型贸易公司与大企业都要快。所以阪和兴业得以赢在起跑线，在自有资本上实现了意外的增长。阪和兴业因此拥有了超出企业实力的资金。

阪和的问题是时代的问题。1985 年至 1986 年以后，由证券公司与信托银行发行的营业特金与指定金外信托极为盛行。在资金筹集的成本中，阪和盲目地扩大了特金与指定金外信托，这些"握手"信托向顾客许诺，实际收益会比目标利息高出 2% 至 3%。

北茂总裁曾经公开说："值得信赖的证券公司与信托银行一定会遵守诺言。"他还向媒体展示金融机构与证券公司给的名片，上面写有保证资金运用收益率的字据。

让金融机关保证受市场影响上下浮动的股价只涨不跌，将声称"保证赚钱"的企业财务主管称为"理财技巧的行家"，现在回想起来，实在是一件任谁都感觉荒唐的事。

理财技巧企业阪和兴业的结局在 1990 年以后变得一目了然。以北茂总裁为首的公司管理层在经营方面欠缺的，是管控上市公司的能力，以及对由市场变动带来的风险的认知。

公司管控能力不足首先表现在整个公司对寺田俊三专务的谏言反应冷漠。其次，公司的主银行住友银行完全没有发挥它应尽的审查职能。不仅如此，对住友银行负责阪和兴业业务的主管来说，如何维持从阪和兴业获得每年高达几十亿日元的外汇交易手续费才是重中之重。再次，山一证券公司作为主干事证券公司却不作为。山一证券虽然认识到营业特金的违法性质，却依旧执行了营业特金的扩大路线。它们甚至给阪和兴业提供了山一证券总裁行平次雄盖章的字据。

日本的整个金融系统不但没有对北茂总裁的行动进行把关，反而积极地与其成为利益共同体。

这是一个异常的时代，几乎没有人意识到北茂行动的异乎寻常。1987 年 10 月，经团联会长稻山嘉宽（曾任新日铁董事长）去世。

据说他死前不久，在经团联的一次例行会议上，曾对新日铁的交易伙伴北茂说："你们公司生意做得真好！"

三菱商事与三井物产命运的分岔口

另一边，三菱商事从 1986 年左右开始积攒的特定金钱信托与指定金外信托的余额在 1989 年 3 月底达到峰值，金额为 8610 亿日元。

在缔结指定金外信托合同时，信托银行对三菱商事解释说，这个商品"实际上类似固定利息的定期存款"，而且利率基本会超过 8%。

这个数值远远超出了合理范围，但是面对信托银行的保证，三菱商事的太田副总裁以及其下的财务部门都放弃了依靠自己的能力来运用资金，转而将希望寄托在股价与地价的高涨上。20 世纪 80 年代上半期，这位从美国回来意气风发的财务部长，他的"理财技巧的理想"也在此时化为泡影。

1990 年股价暴跌后，三菱商事慌忙解约特金与指定金外信托，即使这样，到 1992 年 3 月仍然残留 4033 亿日元。在 1993 年 3 月的决算中，三菱商事将公司本部 400 亿日元、MC Finance 280 亿日元的亏损记入账簿。太田直到最后都想就指定金外信托问题起诉本集团三菱信托银行，但三菱商事的总裁、从美国回来的理性主义者槙原稔不允许，因为这违背了三菱集团的行为原则，而且大藏省银行局也不希望曝光指定金外信托的问题。

那么三菱商事的对手三井物产的理财技巧又是何种情况呢？1986年6月，福间年胜就任三井物产的资金部长，那时泡沫经济刚刚拉开序幕。

泡沫经济破灭后，人们发现在五大商贸集团中，三井物产运用在特金与指定金外信托上的金额远远低于其他四家。

三井物产在理财技巧上遭受的损失较小，对此业界有其他公司讽刺说，当时三井物产正被IJPC公司（伊朗的化学工场）的不良债权问题弄得焦头烂额，它想运用理财技巧恐怕也没有那个能力。事实恰恰相反，当时的风潮是就算借钱也要参与理财技巧，所谓有房地产抵押的贷款资产运用正大行其道。如果三井物产有意，筹集资金对它来说易如反掌。

三井物产不仅没有随大流，相反在1988年至1989年的公司经营会议上，福间单枪匹马地抵御着公司董事会成员的猛攻，坚持不沾染特金与指定金外信托。

福间在自己的著作《挑战风险》中这样描述了自己的信念："证券公司与信托银行信誓旦旦保证这种'握手'特金'不会亏损，绝对保证收益率'，我完全不相信。几乎所有的企业大概都认为有对方保证，所以绝对不会亏损，万一发生亏损，证券公司与银行也会负责补漏，所以才一头扎进了理财技巧中吧！实际上还有大企业的财务主管干部公开扬言说，现在还以固定利率来运用资产真是蠢到极点，'握手'特金难道不好吗？这就是那个时代的风潮。"

在经营会议上帮助福间解围的是八寻俊邦董事长，他当时说："既然工作在第一线的部长说不能干，那就听他的吧。"

福间回忆说："如果当时在经营会议上，八寻董事长没有阻止那股主张积极采用理财技巧的风潮，又或者泡沫股市延续到 1990年，狼狈下台的可能就是我。"

这就是泡沫经济谢幕前的世态。

能守护住公司经营的底线绝非凭借运气。在任何时代，对第一线工作者的信赖、组织管理的合规，以及经营者的决策能力都是成功的重要因素。

太田信一郎与福间年胜两个人都是德才兼备的财务工作者。他们在三菱、三井两大贸易公司中，都一帆风顺地升迁到了财务职员所能到达的最高职位——副总裁。然而太田意外陷入了指定金外信托的陷阱，被迫担负起让公司遭受巨额损失的责任。福间虽然尽忠职守，但身体无法承受重荷而过早死去。这就是泡沫经济时代的荒诞。

与此相对，阪和兴业的理财技巧则显得非常简单粗陋，不值一提。但北茂将理财技巧扩大到如此异常的规模却无人阻止，银行与证券公司只是像吸血的蚂蝗一样聚集在阪和兴业周围，贪图阪和兴业巨额的金融证券交易费。

20 世纪 90 年代，阪和兴业开始回归老本行专注于钢铁贸易，使经营回到了正轨。这几乎可称为奇迹。阪和兴业的相关人士认为这是公司长期以来积累的良好声誉发挥了作用，对此我并不否认。但我认为，公司能够起死回生的最大原因在于保存了充足的体力，使其能够偿还总额高达 3300 亿日元的特别损失。公司在对自有资本、银行股票和土地的账外收益精打细算的基础上，进行了合理的减资。这就使得北茂总裁留下的理财技巧的遗产成为可以活用的资本。

同时，阪和兴业的股价从 1990 年的 4460 日元跌至 1998 年的 81 日元。股东承受了巨大损失才使阪和兴业得以幸存，这也应该被我们铭记在心吧。

阪和兴业的危机在泡沫经济破灭后迅速浮上水面。当时其主银行住友银行与日本兴业银行，以及其强大的贸易伙伴新日铁对泡沫经济破灭的破坏力都没有什么深刻认识，因此它们为阪和兴业提供了支援。这也是阪和得以存续的重要原因。当时有某位相关人士说过："如果阪和问题在五年后发生，那它绝对会破产。"

由日经创造的"理财技巧"一词，本该明确其所指代的内容再加以使用。

评价企业好坏的标准由"营业利润"转变为"经常利润"，意味着一个新时代的到来。在这个新时代，外汇、利率、股票等市场风险因素通过营业外的收益左右着企业经营。

在泡沫经济的旋涡里，市场的风险因素被低估，一旦泡沫破灭，危机便浮上了水面。

第三章　狂乱

从 1988 年到 1989 年，日本进入了一个狂乱的时代。全日本都沉浸在高地价、高股价的幻想中，做着白日梦。人们深陷在狂热的拜金潮中无法自拔。在那些讴歌泡沫经济的理财技巧型企业中，特金和指定金外信托这样的"握手"信托非常盛行。不只是股票与房产，甚至连画作等美术品也被抢购，高尔夫会员资格证一证难求。金钱成为价值的唯一衡量尺度，日本进入一个金玉其外、败絮其中的异常时代。

在这个异常时代，泡沫绅士们如鱼得水，梦想着能鲤鱼跃龙门，他们收购企业的行为撼动着日本的社会体系。

当时，我好几次听到官员与银行的干部们说"证券公司不懂礼节，必须得治一治"，又或是"房地产商太猖狂，必须给他们个教训"。这是正确的评价吗？到底谁应该为泡沫经济时代的过错负责？

1　遭到国民一致谴责的里库路特事件

泡沫经济增强了资本主义的力量。泡沫经济时代是一个野心家们撼动日本社会旧秩序的时代，这些野心家从高额股价与地价中获得了强大的资本力量。

一说起泡沫经济，可能很多人就会立即联想到里库路特事件。

1988 年到 1989 年这段时间是泡沫经济时代的最后一幕，里库路特事件就是在这个时期发生的。前官房长官藤波孝生、前 NTT 董事长真藤恒、前劳动省次官加藤孝以及前文部省次官高石邦男都因此事被逮捕，竹下登内阁也被迫集体辞职。这是昭和时代最后的丑闻，但经过 25 年后的现在，几乎没有人对该事件予以正确概括和评价。

只要听到里库路特事件，99% 的日本国民最先想到的并不是与犯罪相关的部分，而是里库路特公司总裁江副浩正行贿的事实。当时江副将子公司（里库路特 Cosmos）的未上市股票分发给自民党的重要政治家、官员与日本的大企业家、媒体和大学相关人员。这些接受了未上市股票的人，每人大概能从中获利几千万日元。顺便说一下，所谓的分发股票并非无偿，而是通过房地产抵押贷款以一股 3000 日元左右的价格出售，其上市时的开盘价为 5270 日元。

部分掌权者不劳而获、中饱私囊的劣迹引起了国民的强烈不满，这才是里库路特事件的本质。恰好日本在 1989 年 4 月引入消费税，百姓们深切地了解到因此将增加的负担。与此同时，股市呈现出异样的狂热，因股市与土地的泡沫经济而一夜暴富的事例随处可见。人们每天都耳闻目睹，亲身体验着贫富之间的差距。

转让未上市股票这件事本身并不违法，但百姓的愤怒也绝非没有根据。在社会的压力下，检察机关对两起相关事件立案调查。

其中一件是 NTT 通信线路的"再售"问题，另一件是文部省的"就职协议"问题。这两件事都存在以权谋私的嫌疑，也都钻了行政放松管制的空子。它们本来不在 NTT 董事长真藤、劳务省次官或是文部省次官等官员的职权范围之内。

但他们都接受了里库路特公司的未上市股票。真藤是 NTT 民营化后的第一任总裁，也算是公务员。真藤、江副等涉案政府高官与权贵人士刚好可以作为转移百姓愤怒的目标。

2010 年，田原总一朗记者将里库路特事件评价为"国策搜查"，对当时在国家权力主导下的搜查进行了全面批评。

无论如何，里库路特事件永久地葬送了一个企业经营者的大好未来。江副浩正在战后对通信业进行了最大胆的革新，如果没有这起事件，他应该会持续引领日本的信息通信革命。

江副浩正是一个极富企业家精神的经营者，如果没有里库路特事件，在信息通信领域，他极有可能成为比软银的孙正义还要早一代的超级明星。

同时，江副也是一个颇为自卑的人。他凭借在东京大学新闻社的工作经验创办了里库路特，里库路特是主要利用发布招聘广告这种传统方式开展工作的新媒体。对里库路特的业务江副一直感到逊色，认为自己做的终究只是位于商务社会最下层的广告业，而招聘广告又处于广告业的底层。当时，这样的思想在日本社会十分盛行。

于是，他早早地将满腔热情倾注于信息通信领域，期望通过挑战新业务向世人证明自己的能力。但在这个领域，他也碰到了大麻烦。

1985 年 4 月，第二电电作为新电电（NCC）[1]之一盛大登场，其创立者是京瓷的稻盛和夫，原电电公社职员千本倖生担任其专务，是现在 KDDI（au）的前身。

牛尾电机的牛尾治朗等许多财界革新派人士都加入了该公司。江副也热切地希望加入，但希望落空。据说是因为稻盛讨厌江副。当时活跃于经济同友会并参与第二电电的财界人士，以及在里库路特事件中收受股票的好几个人都反对让江副加入第二电电。

1　1985 年日本通信自由化，一批新加入的第一类通信公司被总称为新电电，它们拥有自己的传输线路设备。

江副正是在这种情况下被迫向 NTT 的董事长真藤恒直接求救，因为 NTT 被认为是通信业的主阵地。

江副的错误

里库路特集团旗下拥有两家快速成长的公司，即房地产公司"里库路特 Cosmos"与金融公司"急速经济"。它们分担着"土地"与"金融"两种业务，而土地与金融都是导致泡沫经济的元凶。

在江副亲自经营公司之时，他不允许里库路特公司本部的股票上市。他打算通过迅速地让旗下这两家公司的股票上市获得利润，再以此来大力发展信息通信产业。

但江副心中住着心魔。眼看房地产与金融业呈现一派欣欣向荣的景象，心魔仿佛在告诉他，在泡沫经济时代，利用土地与股价高涨来赚钱更有意思。所以他认为与其专注于薄利的公司本业即广告业，不如进军更有魅力的房地产与金融业。

稻盛从心底讨厌江副的目光短浅，他认为江副这种想依靠房地产与金融业赚大钱的经营观是本末倒置。硬要说的话，就是二人志不同道不合。

现在回望战后以来日本经营者的众生相，会发现受到大家尊敬的经营者主要具备两个条件。第一，能够率领企业持续成长，不断增收。第二，制造出几乎所有人都认可的商品，并将之成功推向市场。

战后第一代经营者，比如松下电器的松下幸之助、索尼的井深大与盛田昭夫，以及本田宗一郎，就是他们把电视机、冰箱、汽车变成谁都有能力购买的东西，并就此建构了日本的大众消费社会。

第二代经营者，比如大荣公司的中内功、伊藤洋华堂的伊藤雅俊等也是杰出人物。他们从正面向制造业发起挑战，走亲民路线为消费者提供了价廉物美的购物环境，同时也摧毁了生产效率低下地区的传统商业，与百货店形成对峙局面。

那么，作为第三代经营者，江副又做了什么呢？25年后再回首，里库路特当时在广告业的所作所为、为信息通信产业描绘的蓝图，毫无疑问是一种革新。但显然，里库路特作为一家热衷于房地产的企业同样也为泡沫经济的膨胀煽了风、点了火。通过异常高涨的地价，消费者的生活陷入窘境，本应返还给大众的利益也一并被夺取。江副还将里库路特 Cosmos 的未上市股票分发给了相关当权者。

江副崭露头角的时代与泡沫经济时代相重合，它也是资本主义的原点。这时候，可以同时实现经济发展与国民生活水平提高的双赢时代正在渐行渐远。城市中心的土地与房产价格越来越高，已经超出了中产阶级所能承受的范围，而中产阶级正是维系社会健康发展的中坚力量。江副作为出头鸟，当然会被狙击。

就里库路特事件而言，就算其中的股票交易没有违法，但一旦给社会留下不公正的印象，它也就成为最好的出气筒，可以测试国民的怒气到底有多大。但里库路特并不是唯一的导火线。先其一年，NTT 股票上市就已经使得国民对股市极为关心。

NTT 股票上市以后不到几个星期，股东就能从疯涨的股价中获得极大收益，几乎相当于普通百姓一年的收入。虽然宣称这是对所有国民公开的交易，实际上能够享受这果实的只是有限的少部分人。在里库路特事件中，上层人士，特别是决定引入消费税的那些自民党的大佬几乎都暗中接受了里库路特 Cosmos 的未上市股票。他们所获的利益远远超过普通百姓在 NTT 股票买卖中的获利，而且如果股票上市之后立即抛售的话，也不用承担任何股价下跌的风险。

在泡沫经济时代的拜金热潮中，许多人都渐渐地丧失了自己的价值判断标准，开始觉得一辈子在某个单位勤恳劳作"不划算"。一旦他们发现有人可以不劳而获，而自己一辈子也不能坐享其成的时候，不满就会转化成愤怒和对股票交易的不信任。

与帝人事件的相似性

发人深省的是，1934 年发生的"帝人事件"与里库路特事件具有高度的相似性。

帝人事件是昭和时代最大的丑闻，许多政界、财界人士卷入其中，也诱发了斋藤实内阁的集体辞职。1927 年的昭和金融恐慌以后，作为帝人公司母公司的铃木商店破产，帝人公司的股票作为担保被抵押给了台湾银行。当时日本财界的青年俊杰组成了一个名叫"番町会"的团体，在该团体成员的主导和台湾银行高层的同意下，积存在台湾银行的帝人公司的股票被拿出来分发给股东。政治家、官员、财界等各界要人也在分发者之列。人们质疑他们是否不当得利，是否行贿受贿。于是检察机关对此事启动了调查，《时事新报》也进行了以"揭发番町会"为主题的宣传活动。

当时在《时事新报》指挥这次宣传活动的是武藤山治。他曾经是钟纺公司的总裁，其经营手腕得到了极高评价。后来，他加入《时事新报》，力图再建这份由福泽谕吉创办的老报。《时事新报》在这起事件中所起的作用与《朝日新闻》在里库路特事件中所起的作用非常相似。

世界性经济恐慌导致经济大萧条，在饥寒交迫中，国民的愤懑日益高涨。检察机关借助国民的愤怒情绪对帝人事件进行调查，起诉了相关人员，对他们严刑逼问。

在将近三年的时间里，检察机关对帝人事件进行了共计265轮的公开审判。其中因严刑逼供，被告们被迫做了虚假供述，各种政治势力也卷入其中。"能否预测股价上涨"成为最终审判的焦点。

1937年12月16日，东京地方法院对帝人事件做出了无罪判决，判决文中这样写道："在通常情况下，企图确定股价的行为就如同水中捞月，这不过是一种个人主观意志的表现，所以哪怕分发股票的行为无法原谅，也不能认为接受股票的人一定能够从中获利。"

该判决书是由在帝人事件中担任主审法官的石田和外起草的。战后，他曾担任最高法院长官。该文书中提到的"水中捞月"一词，后来被报社当作报道该事件的标题。

1969年石田所作的散文在杂志发表，他在文中回忆道："对于是否判定渎职罪，能否预测股价上涨是量刑的关键，检察官们起诉的理由之一是，通过利好的趋势进行反推的话，股价能够被预测。但我没有采纳检察官们的主张，对于经济界人士来说，他们能够轻易理解股价无法预测这个道理。但作为法官来说，我希望以一个使人印象深刻的表述来解释我为什么不采纳该主张。"

检察官们以能够通过增资、利润等指标来预测帝人股价上涨为理由起诉相关人员。对此，16个被告中被定为主谋的河合良成（曾在战后担任过厚生大臣和小松制作所总裁）在法庭上辩称："股价不能靠某个单一要素决定，它受到多种因素影响，其中很多是人们无法操纵的。"

被《时事新报》命名为"番町会"的团体是以乡诚之助为中心，追随涩泽荣一信奉自由经济的财界年轻精英的组织。过去曾有人预测"不久的将来，大概会成立以番町会为中心的内阁吧"，而与之相对，《时事新报》则是与福泽谕吉一派关系紧密的报纸。

他们在陆军、海军与政权上有各种各样的对立，三菱、三井的财阀体制也对番町会这种新兴财界精英异常活跃的情形感到不满。对涩泽荣一提倡的资本主义，福泽派抱有敌意。于是，由岩崎弥太郎一手打造的三菱财阀发动了排挤涩泽派的行动。

后来回想起来，帝人事件其实是一个转折点，它使日本从自由资本主义转向大政翼赞型[1]资本主义。

请勿忘记，就算在那样的时代，也有同经济界的专业人士一样抱有清醒认识的法官，还有以河合良成为首的信奉自由资本主义

1　大政翼赞会是第二次世界大战期间日本的一个政治团体，以推动集权主义的"新体制运动"为主要目标，企图将现有的政党解散，组成一个全国性的政治组织，以一党专政的模式进行统治。虽然它自称为超党派组织，但战后被广泛认为是与同时代的法西斯纳粹党相似的独裁政党。

的经营者的存在。我们应该记住，战后的日本再度构筑了一个资本主义体系，而这个体系正体现了当年涩泽荣一的主张。

扭曲的检察体系

日本国民对官商勾结、政治腐败的愤怒以及对财界年轻俊杰的羡慕与嫉妒日益高涨。必须注意到，在帝人事件与里库路特事件中，这种情绪都存在。同时在这两起事件中，寻常百姓对股票交易的不信任感也在暗中涌动。

在对里库路特的公开审判过程中，江副浩正时不时地会拿出"股价无法预测"的前例作为辩护。经过十多年的审判，最终判决江副有罪，而且分发里库路特Cosmos未上市股票的行为也被认定为行贿。

在前述三菱重工CB事件（第二章第三节）中，该公司的可转换公司债券除了总会屋以外，也被广泛分发给了政治家与政府官员。分发可转换公司债券这种"绝对盈利证券"如同分发钞票，但并没有被判定为行贿。三菱重工CB事件与里库路特事件的区别究竟在哪儿？据说，在这两起事件之间发生的殖产住宅事件的最高判决为二者的区别提供了依据。在青史留名的泡沫经济股市中，司法居然可以因一道判决而允许出现截然不同的审判结果，这个事实到底意味着什么？

在自民党的一党独裁体制之下，检察机关与媒体代替在野党行使了对政府权力的监督职能。在限制条件下实现"正义"，这听上去光明正大，但检察机关并没有在对民主主义与市场经济的忠诚信仰下按照正义的标准来立案审查，反而见风使舵，一切从自己的利益出发。这就是从"55年体制"[1]中衍生出来的扭曲的检察体系。

应该说在里库路特事件中，这种扭曲的检察体系并没有发挥作用。因为不久昭和年代结束，泡沫经济破产，自民党一系的支配体制也迎来终结。

里库路特公司的生命力强到令人吃惊。1988年，江副从里库路特公司的董事长位子上退任。1992年，他将所持的公司股票全部卖给了大荣公司的中内功。中内也是战后经营者中的杰出创业家与经营者，但因泡沫经济的破灭受到重创，从此一蹶不振。

但里库路特公司的职员并没有放弃。后来的经营者与公司职员们不断开拓公司的业务领域，将公司的巨额债务慢慢还清，甚至购回江副卖给中内的股份，最终使公司成功上市。他们没有依靠股票与土地这种坐享其成的方式来谋利，而是通过不断挑战新事业，引领公司进入成功的轨道。他们的事迹展现了《伊索寓言》的古老教训。里库路特公司至今仍然活跃，公司不断涌现出各种独具魅力的人才。与此同时，梦想破碎的江副在案件审判过程中仍然以个人名义在股市淘金。2013年，他离开了这个世界。

---

1 日本自1955年出现的一种政治格局，即长期维持自民党为执政党、社会党为最大在野党的稳定两党政治状态。一般认为该体制结束于1993年自民党第一次下台。

2 一兆日元帝国创造者
庆应男孩高桥治则的言而无信

我曾经问过高桥治则一个问题："如果给您 100 亿日元，您会拿来做什么？"那是 1993 年，当时高桥治则旗下的房地产公司"EIE 国际"被日本长期信用银行接手，正处在一个进退两难的境地。

高桥先是漫不经心地回答说："嗯，先存起来。"接着又笑着说："你看，花钱也是需要才能的！"

这个男人从 1985 年泡沫经济初期开始，仅仅四年之内就融资 1.5 兆日元，大肆在国内外疯狂购买土地、酒店、高尔夫球场等。1990 年泡沫经济破灭后，EIE 立即受到银行管控，高桥也在 1995 年因渎职被起诉逮捕。

在短短十年之间演出了如此跌宕起伏人生大戏的经营者，就是在泡沫经济时代也属罕见。可以说，高桥治则的一生就是与长银同生死、共存亡的人生。

30 年后回首往事，不禁想问，高桥果真会花钱，有花钱的才能吗？

在泡沫经济时代上演《三国演义》的秀和公司的小林茂、麻布建物集团的渡边喜太郎以及光进集团的小谷光浩，他们都出身贫寒，不认输、不认命，靠一对拳头打天下。他们都有一股顽强拼搏、出人头地的狠劲儿。哪怕是后来因为恐吓与操纵股市被问罪的小谷光浩，我想我也能理解他当时的所作所为与所思所想。而高桥的行为与他们截然不同。

同一时期，在孙正义的率领下，软银成为蜚声海内外的大企业。当年孙正义的父母靠电子游戏店营生，那时候他满脑子想的不过是如何将小游戏店扩展成连锁经营，为此他还曾暗自向小谷光浩融资。但孙正义始终没有忘却他对信息通信产业的梦想，后来正是信息通信产业引导他进军网络领域。他对资本的渴望也从未有丝毫动摇。

但高桥治则与他们这些人都不同，沿着高桥的足迹再度回望，也终究不能明白他的梦想到底是什么。哪怕想了 30 年还是一无所知，甚至都无法感觉到一个曾经在资本主义舞台上叱咤风云的弄潮儿的气势和力量。高桥的人生就是投机取巧的写照。

如果非要给他的人生命名的话，那么这就是一个"庆应男孩"的冒险人生。他在庆应男孩的华丽世界里进退自如，同时又期望着实现他轻飘飘的草根逆袭之梦。

聚会门票欺诈事件与政治家的梦想

在高桥的前半生中，他经历了两次挫折。

其中聚会门票欺诈事件对他人生观的形成起了极大作用，也暗示了他的未来。

聚会门票欺诈事件是高桥升入日吉的庆应高中后发生的事件。当时，庆应高中的学生们经常举办聚会，总是邀请很多女孩参加。有庆应这种名校招牌，聚会门票十分畅销。由于主办者太注重聚会门票的销量，有时甚至连会场都没确定，就已经提前出售聚会门票。主办者们完全没把这当回事，但校方认为这是欺诈行为，于是作为主谋之一，高桥被勒令退学。

对于当时都市里那些"不务正业"的孩子来说，最好的阳关道就是进入庆应的学校，接受从幼儿园到高中的一条龙教育，即使在高中留级一年也无所谓。然后顺理成章地进入庆应大学最容易毕业的法学系政治学科，根本无须头悬梁锥刺股，只要把大学生活混完就好。

这可能被认为是剥削阶级的人生观，毫无疑问，日本就是有这种富二代存在。这也是所谓庆应男孩的一种还算不错的状态。高桥当时走的就是这样一条阳关道，但在高中一年级时，因为前述聚会门票欺诈事件被学校开除。在高桥的心里，他认为正是由于学校滥用权力才使自己的人生脱离了正轨。

被开除后，高桥转入世田谷学园高中，过着忍辱负重的日子。这是普通人就读的普通中学，他与同学们的价值观完全不同。三年后，他通过入学考试考入了庆应大学法学系。但过去三年的时光一去不复返。由于高桥走的这条道路与前述所谓"庆应男孩"的道路不同，我认为高桥的心中一定深藏着某种虚无。

高桥人生的另一个转折点就是碰上他的岳父——岩泽靖。岩泽靖在围绕西华产业的股票投机战中输得一塌糊涂，失去了所有资产，此后一生过着颠沛流离的逃亡生活。

1973 年，高桥治则与岩泽靖的二女儿在帝国饭店举行了盛大的婚礼。当时高桥已经大学毕业，就职于日本航空公司。婚礼办得非常热闹，如同参选众议院议员的誓师大会。曾经梦想成为政治家的岩泽打算将自己的理想托付给高桥来实现。当时正是自民党田中派势力最鼎盛的时期，亲近福田赳夫的政商人士，包括岩泽靖与他的女婿高桥治则都没有任何出头机会。这就是高桥遭受的第二次挫折。

从 20 世纪 70 年代后半期开始，岩泽就深陷股市的投机战。虽然他是札幌的丰田汽车专卖店、金星汽车专卖店、北海道电视台的老板，在当地名声很高，但终究不过是地方土豪，并没有闻名全国。而且，他在政治上也没有找到可立足的坚实基础。1980年后，岩泽将自己的大半资产投资在西华产业的股票上，使自己成为这家"上市公司"的董事长。而在此过程中，高桥替代了岳父岩泽成为大股东。

1981 年 1 月，加藤暠率领的诚备集团破产，西华产业的股价也随之暴跌。很快岩泽就出现资金短缺，包括西华产业集团内部各子公司在内，岩泽共使公司负债 329 亿日元。札幌的丰田汽车专卖店被迫申请破产。

高桥断了从政的念想后，也不再对日本航空公司的白领生活抱有幻想。他继承家业，一边在电子周边器械贸易公司 EIE 中担任副总裁，一边作为岩泽的亲信维系着各方关系，亲眼目睹了岩泽盛衰起伏的后半生。

20 世纪 80 年代后半期，高桥已经成为泡沫经济时代的宠儿，他极度讨厌人们追究他与岩泽的关系。

而自从札幌的丰田汽车专卖店等集团企业破产后，岩泽就一直处于逃亡状态。直到死去，他也没有出现在公众面前。据说，这是因为他给丰田汽车专卖店的老总们带去了麻烦，所以无法再抛头露面。

高桥曾就他与岩泽的关系这样说道："有人说 EIE 的原始资本来自我岳父岩泽的隐秘财产，这不是事实。"他还竭力辩解说："在西华产业的股票投机战中，因为我把自己的名义借给岳父使用，招来许多非议，其实我更像帮助他善后的人。"

我并不认为在泡沫经济时代，高桥是依靠岩泽的财力才得以乘风破浪。毋庸置疑，岩泽帝国崩塌后，"为其善后"的高桥一定从中得到了许多刻骨铭心的教训。

高桥从中获得的最大的教训是，"金融实力决定着企业经营的规模"。岩泽被称为北海道的"天皇"，可他的王国竟然如此不堪一击。高桥认为，这是由于集团内部没有自己的银行，没有银行支持的企业终究会走上末路。

札幌的丰田汽车专卖店是当地有名的代理经销商，但丰田汽车公司并没有积极地向岩泽伸出援手。据说岩泽送给政客与官员们许多财物，掌握政界许多黑幕，但也没有人将岩泽救出困局。

与长银的"金融势力"合为一体

高桥治则早已经不满足在 EIE 捣鼓电子周边器械贸易业务，对房地产、高尔夫球场、股市等也进行了积极投资。20 世纪 80 年代初期他购买的楼房没多久就升值了 10 倍，那时正是泡沫经济的前夜。由于高桥曾经帮助陷入经营危机的协和信用合作社（后成为东京协和信用合作社）筹集资金，他于 1985 年 5 月 25 日就任东京协和信用合作社的理事长。这是理解高桥个人兴衰史的重要事件之一。

高桥就任后不久，日本长期信用银行就以中小企业为对象积极地展开了一系列效果不佳的营销战略。而在都市银行方面，富士银行与住友银行为了争夺业界王座展开了激烈竞争，这场竞争被称为"FS 战争"。

在本行业中并无多大建树的 EIE 公司，却在房地产投资中战无不胜，俨然进入了一个只要想借钱，无论多少也能借到的辉煌时代。公司开始向泡沫股市发起进攻。当时长银是信用等级风险评价为 3A 的优良金融机构，高桥的果敢一旦与长银结合就迸发出了惊天动地的力量。

高桥充分利用了自己在庆应系统中构筑的人脉，当时总有许多"庆应男孩"围绕在他的周围。比如 EIE 的总裁河西宏和，他比高桥大五岁，也是庆应男孩。高桥的哥哥高桥治之也是典型的庆应男孩，后来在电通公司就职。

高桥治则曾经对周围的人说过，他在退学事件中就承蒙哥哥帮忙，在后来的泡沫经济时代，也请哥哥治之为自己介绍朋友构筑人脉。长银负责相关业务的人也是庆应的校友，他为高桥的巨额融资提供了机会。

日本 IBM 公司出身的洼田邦夫为高桥构筑人脉起到了关键作用。洼田本人不是庆应毕业生，但日本 IBM 公司的总裁椎名武雄主办了一个联谊会，名为"椎饮会"，洼田负责准备和联络工作，他借此熟识了政界与财界人士，积累了人脉。洼田把高桥看作能够替代椎名的潜力股，他积极接近高桥来构筑庆应人脉并开拓政商界地盘。在参加椎饮会的过程中，高桥自己也得以接触许多庆应人士，与许多官员成为朋友。

我无法确定庆应人脉是否对高桥有所帮助，但这些关系的确带来了新的商机，为泡沫经济时代高桥的大展宏图提供了帮助。

这其中一人就是三洋证券公司总裁土屋阳一。土屋阳一是土屋阳三郎的长子，而阳三郎曾经为重建战后日本股票交易所做出过贡献。土屋阳一从庆应大学毕业后，就职于野村证券，其后又继承家业管理三洋证券。他是一个典型的庆应男孩。在泡沫经济时代，他勇于挑战并迅速功成名就。1988 年 5 月，在江东区盐滨，这个据说最热门的海滨地域，他买下 3700 平方米土地，建造了一个巨大的交易室。

以这个交易室为舞台，高桥治则与土屋阳一在此畅谈了许多有关股票、房地产和海外投资的淘金梦。这是一场为泡沫经济时代娇生惯养的宠儿们准备的盛宴，充满着大都市纸醉金迷的靡靡气息。高桥从岳父岩泽那里获得了教训，但他自己同时又制造出一种完全不同的都市泡沫。

1986 年以后日本进入超金融缓和的时代，这个时代为高桥提供了大展宏图的环境。当高桥与长银这股金融势力亲密勾结，进一步将投资对象扩展到海外时，已经没有人能够把控高桥的扩大路线了。

1986年，高桥将电子周边器械贸易公司EIE的股票挂牌交易，设立了"日本手机"公司，又用32亿日元购入塞班岛凯悦酒店。

1987年，他着手建设比尔顿·克里斯托高尔夫俱乐部，经营皇家草场高尔夫俱乐部，并且投资130亿日元在澳大利亚购买了悉尼丽晶酒店，投资22亿日元建立了私立邦德大学。

1988年，他又收购了日本航线的子公司日新汽船，以100亿日元购买了意大利丽晶酒店，在澳大利亚以527亿日元收购圣所湾别墅，以120亿日元收购珀斯凯悦酒店，还取得了香港洲际酒店价值约为56亿日元的股份。

1989年，他以380亿日元在香港买下力宝中心其中的一栋大厦，设立了明野乌托邦；为了开发檀香山的高尔夫球场，设立了皇家瓦胡岛度假村；向夏威夷的大溪地凯悦酒店投资154亿日元，向斐济的丽晶酒店投资44亿日元，以36亿日元取得曼谷丽晶酒店股份的40%。

1990年，高桥在越南开设了浮动酒店，融资300亿日元在法国巴黎设立房地产公司以便在当地收购房产。他还开始经营希尔克雷斯特高尔夫俱乐部，并着手建设美野里高尔夫俱乐部。

由上可见，高桥展开的商业战线异常广阔，甚至都不知道该从何说起。

某天，高桥与河西在听取EIE公司的决算说明时，受到公司大股东富国生命公司总裁古屋哲男的斥责，古屋说："你们做的事情不叫事业。虽然并不禁止投资开发高尔夫球场与度假村，但从建造好高尔夫球场到盈利为止，难道最重要的事情不是经营吗？不应该等到这项事业走上正轨再开始下一轮高尔夫球场建造吗？你们现在的这种做法难道不是不自量力的随意买买买吗？"

富国生命公司前总裁小林中曾在帝人事件中被起诉审查，古屋的话就是以他为教训的明智之言，但高桥置若罔闻。

从 1990 年 11 月开始，高桥再也无法掩盖资金短缺的事实。1991 年 1 月，长银派遣田中重彦进驻 EIE，2 月田中就任 EIE 公司副总裁，4 月在长银主导下五家银行共同发表了公司再建的裁员计划。

两年后的 1993 年 7 月，长银停止援助 EIE。高桥从长银的束缚中解放，开始寻找自救之路。结果 EIE 与长银殊途同归，双双破产。

从 1994 年开始，EIE 的经营如雪崩一样迅速恶化。1995 年，东京协和信用合作社与安全信用合作社两家金融机构共同使用国家资金援助 EIE，其后高桥治则因贪污罪被捕。他利用自己协和信用合作社理事长的职权筹集资金，用于填补 EIE 的资金漏洞。

1997 年，山一证券宣布破产。同年，土屋率领的三洋证券也宣布破产。

无法理解福泽谕吉的庆应男孩们

我的手边有一张便条，那是我 1993 年采访高桥治则留下的记录，当时高桥对自己在泡沫经济时代中的过往进行了总结。

对于泡沫经济时代是个什么样的时代这一问题，他回答说："那是一个异常的时代，我自己非常清楚这一点。如果要问为何我还会如此疯狂，我大概只能回答是因为少不更事。我正式开始扩大事业版图是在 20 世纪 80 年代中期，那时我只有 41 岁。在那个载入史册的狂乱时代，我一直在考虑如何能够在万马奔腾的竞争中拔得头筹。当然，那时候我以为我能赢。"

他又说："如果现在（1993 年）问我是否会重蹈覆辙，我的回答是不会，但我也并不认为我当时的挑战就是失败。"

我问他是否对自己曾经做过的事情感到后悔，他说："我曾经想过，如果能早点撤退就好了。1989 年下半年我感觉事情不妙，但在海外开展的业务也不是说停就能停的，至少需要半年的准备，所以实际上的补救措施来得太迟。"

让人感到不可思议的是，他在总结自己的冒险人生时几乎没有言及"梦想与挫折"，他提到的只有"决定与判断"。

1993 年，长银停止了对 EIE 的援助，据说这是在与大藏省协商的基础上形成的免税偿还战略，实际上也是一个丢车保帅，以抛弃 EIE 来挽救长银的战略。

这个战略失败后，长银也与 EIE 一样走上了不归路。1998 年 10 月 23 日，长银申请暂时国有化。当时已被公开的长银的债务总额超过 3.6 兆日元，这些债务全部由国家投入资金进行偿还。

长银最后的行长是安斋隆（现在是 Seven 银行的董事长）。他原是日本银行的理事，在当时的日本首相小渊的恳请之下临危就职。安斋上任后扮演了一个刻薄的角色，向东京地方法院提起诉讼，要求长银的增泽高雄、堀江铁弥、大野木克信等原董事

15 人赔偿 63 亿日元的损失。安斋曾经明确表示："对长银来说，与 EIE 牵扯得太深是导致经营恶化的最大错误。"

EIE 的房地产投资从不过 3 亿日元扩大到 1.5 兆日元，用时不到十年。这是基于"土地神话"与"银行的有担保主义"而产生的轰轰烈烈的信用创造神话。

在高桥治则的周围有成堆的庆应男孩，他们聚集在高桥身边伸手要工作要钱。个别与高桥关系亲密的政治家把高桥的公寓当作自己的家一样，白吃白住。他的亲戚也自由地使用高桥的高级轿车与私人飞机。这些后来都被媒体曝光，这无非是行贿大藏省官员的冰山一角。

庆应大学的创立者福泽谕吉曾经在《福翁自传》中这样写道："在这世上，如果要说什么东西可怕，我想除了暗杀以外，再没有比负债更可怕的了。"又说："简单来说，我对于借钱这件事十分恐惧，完全没有勇气尝试。"但聚集在高桥周围的庆应男孩中无人践行这句话。

岩泽靖与高桥治则这对翁婿在从 20 世纪 80 年代起不到十年的时间中，围绕增资扩张与崩塌演出了一场波澜壮阔的大戏。

3　囤积商暴露的精英的卑劣

在泡沫经济末期，日本的既得利益团体把此时登场的代表性房地产公司称为"艾滋"，唯恐避之不及。

所谓"艾滋"源于英文的"AIDS"，指的是名字分别含 A、I、D、S 的四家大型房地产公司，即渡边喜太郎的麻布土地集团（A）、高桥治则的 EIE 集团（I）、佐藤行雄的第一不动产集团（D），以及小林茂的秀和集团（S）。它们都是在 20 世纪 80 年代后半期的泡沫经济时代中，以房地产市场和股市为舞台兴风作浪而备受关注的企业。在同行和日本的金融界中，他们被视为"暴发户"，虽然无人明言，但不经意中处处透露出对他们的轻视。

在许多方面，他们确实引领了日本社会的革新。如果要问谁是他们之中的"trickster"，毫无疑问是小林茂。

"trickster"的意思是"骗子、诈骗犯"，是一个贬义词。这个词的本义是"在神话或传说中登场的，能够为人们传道授业解惑，同时又玩世不恭的捣蛋鬼"，他们在"逗人取乐的同时，又使文化得以繁荣，使社会关系得以再确认"（参见《大辞林》）。

小林茂就是"trickster"的本义所指的那一类人，同时他又是极富企业家精神的经营者。

20世纪60年代，日本第一家被称为"康帕"的小吃店型酒吧就是由小林茂推出的。康帕源于德语"Kompanie"，是指一种经营各式洋酒的酒吧。年轻女店员站在柜台内，低价出售瓶装洋酒。从20世纪60年代后半期到70年代，这种酒吧风靡日本。这对习惯日本传统居酒屋的团块世代[1]来说，简直是一场生活革命，居酒屋变成了品味威士忌的洋酒吧。

由于受到1962年施行的《区分所有法》[2]的影响，小林陆续修建了一系列可以独户出售的分让公寓，比如最早于1964年3月竣工的秀和青山公寓、1967年2月竣工的秀和外苑公寓等。小林是日本建造分让公寓的先驱。同时，他以西式屋顶和别具风格的阳台为卖点，定下系列公寓的样式。

所谓商品公寓的时代由此开始。

小林的某些话令人印象深刻，比如他说过："如果一块地能够建10层，那么就算把房间的高度降低，我也要建11层。"又说："必须在宽敞的地方把道路也连带建好，这样的话就有希望建造高楼大厦了。"

乍一听，你会觉得这真是一个老奸巨猾的商人，实际上就算现在，也有许多曾经与小林打过交道的人这样评价他。

1　日本战后出生的第一代。
2　房地产的相关法案，规定了居住在分让公寓等共管住宅的权利关系和管理经营等。

如果从"在都市的黄金地段为普通白领提供买得起的公寓"这个角度来看，对他的评价可能就会大相径庭。而小林这个"毒舌"是绝对不会自己说出来，四处表功的。

将近50年的岁月转瞬而逝，小林也已经成为故去之人。现在人们如何评价他修建的秀和公寓系列呢？有房地产商说，秀和系列虽然房间的高度较矮，但都修建在交通便利区域，至今仍然是备受欢迎的古董公寓。与同价格的商品公寓相比，唯有秀和系列能够始终受到市场的青睐。

虽然秀和是新兴的房地产公司，但从成立开始就把租赁型公寓也作为事业发展的重点，确保其持续成为收益的源泉。

1982年，秀和在东京都港区芝承建了大厦。这栋14层的大型商厦高140米，进深50米，名为"芝公园大厦"，又被叫作"军舰大厦"。大荣公司总部、三菱重工等大型企业都入驻了该大厦，滨松町因它而变得有名，它也成为芝的地标。

这种敏锐的商业嗅觉是小林大胆融资的原动力。他一边维系着将近150亿日元的现金流，一边积极融资，在泡沫经济最高峰时其融资金额甚至远超1兆日元。泡沫经济破灭后，麻布建物、EIE、第一不动产，甚至小谷光浩的光进集团等都办理了相关法律手续，宣告破产。但秀和一次也没有拖欠利息，它一直试图完全依靠自身的努力走出困境。从"绝对不能拖欠利息"这个举动中，显现出一种卓绝的永不言弃的激情。第一次石油危机之后，因经济萧条公司被迫接受银行的管理，小林的激情就源于那时遭受的心理创伤。

2005年，虽然秀和仍然身负巨债，但它还拥有16栋商业大厦。同年，它被摩根士丹利证券公司以 1400 亿日元的价格收购。可以想象对小林来说，这个结果是多么令人悔恨。但秀和终究还是作为一家健全且具有充分经济价值的企业体面地落下了帷幕。

虽然小林一直被称为囤积商，但在日本还没有投资银行的时期，小林最早执行了投资银行的职能，如他所说："公司是股东的公司，以此为前提，股东们算定合理的公司股价，自己购买股份，承担风险。如果有合作伙伴要求，公司还应该在并购活动中承担类似金融中介的功能。"这是美式投资银行本来的职能。

小林茂的秀和公司最终被美国投资银行的代表摩根士丹利证券收购。这真是一个颇具象征意味的事件。

从 1988 年到 1990 年这段泡沫经济的终场时期，秀和不仅在房地产业而且在股市上也是叱咤风云。小林茂此时先后购买了大量与物流相关的股票，一夜之间突然成为物流业改革的关键。他持有大型百货商店伊势丹与松坂屋，中坚超市忠实屋、稻毛屋、长崎屋与 LIFE 超市等的股票，且所持股份都接近第一大股东，市值高达 3000 亿日元。

大荣公司的中内功、伊藤洋华堂的伊藤雅俊、西武集团的堤清二、吉之岛集团的冈田卓也等物流业的大佬同样也对秀和所持有的百货商店和超市的股票感兴趣。小林曾经公开声称："我所持有的股份一定能够提高物流业的效率，加速革新。"

小林计划通过对中坚超市进行大联合从而构建规模高达 1 兆日元的超市。虽然小林收购了物流业时价约为 3000 亿日元的股票，但这个构想并未能快速展开并实现。

忠实屋与稻毛屋无视市场的防御策略

在物流业的改革浪潮中，两大中坚超市——忠实屋与稻毛屋对小林的攻势进行了积极防御。当时秀和分别持有忠实屋33.3%、稻毛屋21.4%的股份，它提议这两大超市与其他集团公司合并重组。对这两家公司来说，无论是应秀和要求进行重组，还是将股份转让给大荣等大型超市，都极有可能使公司陷入更困难的境地。

它们都拒绝了秀和的提案，同时为了防止企业被收购，邀请了有关专家来协助制定防御策略。1989年7月8日，两家公司发表了资本业务合作的声明，这当然是为了防备秀和的收购而做的表演，大家对此都心知肚明。两天后的7月10日，两家公司正式通过了交叉持股的第三方定向增发决议。

其具体内容是，忠实屋向稻毛屋发行2200万股公司股票，发行价为1120日元，这个价格仅仅相当于当时市场价格的1/5。由此，稻毛屋获得忠实屋19.55%的股份，而秀和所持的股份则降至26.8%。

另一边，稻毛屋向忠实屋发行1240万股公司股票，发行价格为1580日元，当时该股票的市场价格为4150日元，这个价格仅为时价的1/3左右。如果计划顺利完成，忠实屋将获得稻毛屋19.55%的股份，而秀和所持股份将降至17.24%。

忠实屋发行的股票总额略高于246亿日元，稻毛屋发行的股票总额略低于196亿日元。实际上，双方的收支往来仅仅是稻毛屋向忠实屋发行了略多于50亿日元的股票。这是基本没有为双方增加经济负担的防御策略。

虽然双方声称这是为了实现资本合作与支援，由双方共同决定相关条件进行的第三方定向增发，但它完全无视市场上正常交易的股价。作为上市公司，这样的经济策略能够被谅解吗？

特别令人起疑的是，本次第三方定向增发的具体方案有行业大鳄野村证券的直属分公司野村企业情报参与。虽然第三方定向增发是合法行为，但对于损害股东权益的第三方定向增发，证券公司向来持反对态度。而当年对三光汽船的第三方定向增发进行了猛烈批评的恰恰就是野村证券。

野村企业情报由野村证券公司设立，与美国著名的沃瑟斯坦·佩雷拉公司（Wasserstein Perella & Co.）共同经营。公司成立章程宣称公司成立的目的在于使公开的企业并购在日本扎根。

与野村企业情报联手为忠实屋与稻毛屋出谋划策的还有森综合律师事务所、普华永道会计师事务所，它们都是业界翘楚，本该引领日本企业并购的未来方向。不知为何，由这些精英构想的防御策略居然是这么一个无视市场原理、令人费解的第三方定向增发方案。

秀和立即向东京地方法院申请采取临时措施保护股东的权益。秀和的律师是河合弘之，他指出本案的争论点有二：第一，忠实屋与稻毛屋的第三方定向增发是否属于有利于特定股东的"有利发行"；第二，发行的新股是否属于"不公正发行"。

1989 年 7 月 25 日，东京地方法院做出临时判决，认定本次第三方定向增发属于"有利发行"和"不公正发行"。这是一次对公司并购，特别是敌意并购具有历史意义的判决。它表明了法院承认"股价要以市场价格为基准"的原则，此后法院从未对此原则进行更改。

过去围绕第三方定向增发的配股价格与股东配股是否正确也有不少官司，但法院的很多判决都尽量避免给出明确的判断基准。这是因为此类案件的当事者多是被称为囤积商的日本社会的异端，而法官缺乏与这些新型经济案件相关的知识。

不管在哪个时代，现实的股价与企业本身的价值的背离都是股市最大的议题。无论是在决定并购，还是在评价商誉，抑或是在判断市场是否处于泡沫阶段时，如果除去这个视角就无法得出正确答案。从这个意义上讲，法院对秀和的申诉所给出的临时处理是日本经济社会的一个转折点。它为法院今后处理类似案件提供了判断基准，为公司并购时代的到来吹响了号角。

这并不是说法院做出了一次戏剧性的判决。这不过是对股市作为市场的基本职能，以及股份公司本来的职能给出了一个常识性的判断，只不过这是第一次做出明确的判决而已。

如果非要说法院的判决有什么新意，那就是对策划这种异常的第三方定向增发方案的所谓专业机构，即野村企业情报、森综合律师事务所、普华永道会计师事务所的荒唐做法发出了警告。

忠实屋和稻毛屋的证券发行主要依赖野村证券。野村证券很快掌握了事态，一直以来采取回避姿态的小林茂和野村证券总裁田渊义久（野村证券公司的董事长与总裁都姓田渊，但两人并非亲戚。一般把董事长田渊节也称为大田渊，总裁田渊义久称为小田渊）在东京的酒店进行了紧急会谈。田渊总裁公开声称："野村企业情报的行动与判断与野村证券没有任何关系。"又说："今后如果有机会，愿意为小林总裁的股票问题提供中介服务。"

在野村证券中也有几个聪明人，他们已经意识到问题的本质。相对于企业本身的价值，如果在市场上其股价低得离谱或高得过分，使这种背离回到正轨才是并购的本质。同时，如何评价这种背离也正是专家展现专业技能的地方。

无论股价多么怪异，在评价这种背离时都有一个前提，那就是当事者一定要以时价为基础，不能随意定价。

在忠实屋与稻毛屋的防御战中，股票发行价格仅为时价的1/5，如果市场相关人士率先承认此事，那就意味着他们正式承认股市整体上已经因为泡沫经济而呈现出异常状态，这将导致社会承认股价整体暴跌的合理性，为股市发展带来风险。

但小林茂在本案中的胜利并不意味着他在经济上的胜利。1990年由于泡沫经济破灭，小林茂所持的股票也随之暴跌。这情形让人觉得仿佛野村企业情报所制定的第三方定向增发的价格是正确的，股市按照这个价格基准进行了下调。

经过一段时间后，忠实屋被纳入大荣旗下，稻毛屋经过长期的动荡后被永旺集团接管。小林曾经构想的关于中坚超市的重组以别的方式被推行。而如果没有秀和收购的股份和小林的行动力，重组不可能实现。

伊势丹、松坂屋等大型百货商店也经历了种种集团重组，这些重组大都超出了当时的经营者的意料。小林当初在取得了松坂屋的股份时提出的松坂屋银座店的重建方案终于在25年后的今天得以实现。

小林茂的真正本领在于，他认识到自己不受人待见，却在日本从"囤积"时代转向"并购"时代的变换过程中扮演了桥梁的角色。缺乏常识的并不是小林，而是为忠实屋、稻毛屋做咨询顾问的专家们。

忠实屋与稻毛屋互相约定的第三方定向增发价格即使仅为市场价格的 1/5 也具有合理性的主张，具有一定说服力。但这个价格设定表面上肯定泡沫股市，私下里又企图规避泡沫股价，这种两面派的做法当然得不到市场相关人士的原谅。

东京地方法院在判决书里明确写道："股价要以市场价格为基础。"这是本次临时判决的重心所在。判决并没有说这个股价是合理的，只是在主张："如果不从股价的角度进行考虑，股市无法成立。"

在现实的股市中，1989 年 12 月交易所的年末股价为 38915.87 日元，到 2003 年 4 月 28 日股价为 7607.88 日元。在 13 年半的时间里，股价降至原来的 1/5 左右，日本经济进入被叫作"失去的 20 年"的长期低迷与通货紧缩的时期。

忠实屋和稻毛屋的第三方定向增发的发行价格显示了某些精英的傲慢，而这些精英被认为是革新日本证券市场的领导力量。这也证明，日本体制改革之所以停滞不前，既得利益团体自身也存在许多问题。

小林茂的最大功绩就在于，他光明正大地挑战了日本的既得利益团体，通过市场证明了所谓的既得利益团体的卑劣，展现了泡沫经济的实际情况，为这段历史留下了证言。

小林茂于 2011 年 4 月永眠。没有媒体对此进行报道。

4 丰田与皮肯斯的攻防
显示了时代的风云变换

1989 年 3 月，美国投资家托马斯·布恩·皮肯斯购买了为丰田生产汽车配件的生产商小系制作所 3240 万股股票，取得其已发行股票的 20.2%，成为第一大股东。皮肯斯据此向小系制作所要求成为董事会成员，并且增加股东分红。他同时还对"系统内交易"，即企业集团内部优先交易的日本商业传统进行了批评，指责这是一种排斥异己的做法。从泡沫经济鼎盛期的 1989 年到 1991 年 4 月他宣布从日本市场撤退的两年间，皮肯斯制定了积极的媒体战略，这些媒体战略仿佛也在宣称日本企业并购时代的到来。

皮肯斯是得克萨斯的梅萨石油公司的董事长，也是著名的套利者。所谓套利者是指专门从事套利交易的投资家，按照日本的理解就是投机倒把之人。从 20 世纪 80 年代前半期开始，皮肯斯作为套利者在华尔街大显身手。

1984年3月，皮肯斯因为海湾石油公司并购案登上历史舞台，该公司是战后美国最大的七家石油公司之一。皮肯斯首先展开并购的攻势，最终由加州标准石油公司（现在的雪佛龙公司）支付了134亿美元并购了海湾石油公司。这是当时历史上金额最大的公司并购案。皮肯斯从中获利5亿美元以上。

虽然皮肯斯迅速成为套利者中的佼佼者，但在经营者眼中他却如蛇蝎一般，令人厌恶。就是这样的皮肯斯，1989年突然成为为丰田生产汽车配件的生产商小糸制作所的第一大股东。

皮肯斯的政治动员能力不容小觑，他积极雇用律师，又在华盛顿展开游说活动不断批评日本的系统内交易。当时美国国内对日本的系统内交易的批评声浪正在高涨，在他的鼓动下甚至召开了听证会。其实大家都知道，皮肯斯不过名义上是小糸制作所的第一大股东，麻布建物集团的董事长渡边喜太郎才是真正的第一大股东。麻布建物集团是在泡沫经济时代迅速成长起来的专营房地产与外国汽车销售的公司。

当时外务省主管美国事务的是北美一科的科长冈本行夫，后来辞职当了评论家。他曾经表示："就算皮肯斯在美国被称为绿票讹诈犯[1]，但他在法律上仍然属于合法的股东。再加上美国对系统内交易的批评，我们绝不能小看此事。"冈本把皮肯斯与小糸制作所的问题当作一件完整的企业并购案进行处理。

这个问题对于正在迎接企业并购时代的日本以及市场相关

---

1 指大量购买公司股票，后又高额出售给公司收购者，或者以威胁要把股票出售给收购者的方式强迫公司买回高额股票以牟利的投机者。

人士来说，刚好是一个绝好的实验机会。

丰田英二的决断

不管是收购方还是被收购方都聘请了日本最具实力的律师事务所为自己作战。在攻防中，日本也学会并积累了相关知识。而且对日本中央政府机关，比如外务省、通产省、大藏省来说，在正式进入企业并购时代之前，这也促使他们认识到培养相关领域专业人才的重要性。

在小糸收购案中，渡边喜太郎才是幕后黑手，他在其巅峰时期投资 2000 亿日元取得了小糸制作所 5000 万股股票。渡边依靠在战后日本的黑市中倒卖外国二手汽车而成为暴发户。后来他因为修建停车场与汽车展厅参与了房地产投资，并由此获取暴利。他也是泡沫经济时代的幸运儿。

这个泡沫经济时代的宠儿因为独特的言行举止而广为人知，他声称"天道酬勤"，又说："麻布建物集团的一草一木都是我的。"同时他的人缘又很好，财界大佬比如日产汽车的总裁、经济同友会代表干事石原俊，三井信托银行的总裁、在房地产业与物流业都具有丰厚人脉的中岛健等人都很照顾他。

令人意外的是，使这个宠儿陷入困境，不得不打皮肯斯这张牌的人竟然是丰田汽车的头领——丰田英二董事长。

其实渡边喜太郎是因为被光进的小谷光浩欺骗，才在高价时购入小糸制作所 1800 万股股票。虽然公司有足够资金，但渡边完全没有取得小糸经营权的打算，只不过骑虎难下，只能一边陆陆续续地买进，一边寻找合适的买家接盘。

　　渡边企图让丰田集团接盘，所以积极游说既是自民党的重要人物，同时也当过通产大臣的安倍晋太郎。安倍与产业政策局局长栅桥祐治就此事进行了商谈，并准备了接盘的具体方案，然后他们向丰田集团的高层表明了意向。

　　就算是丰田集团，面对下一届首相的热门人选安倍与通产省手握重权的高官栅桥的要求也不能等闲视之。于是初步决定由丰田接盘渡边手中的股票，敦促丰田的经营者们尽快达成协议。如同一直以来的惯例一样，在头面人物的斡旋下，双方通过暗中交涉达成协议。

　　但对这种日式协议模式有人厉声说了"不"，摆出了抵抗到底的姿势。这个人就是丰田英二董事长。他在听取了主管小糸问题的专务奥田硕（其后成为公司总裁）的报告后做出了上述决定。如果没有丰田英二的决断，小糸问题也会像在泡沫经济破灭前的1989年一样，让渡边喜太郎赚个盆满钵满。

　　1995年8月7日与14日发行的《日经商贸》杂志登载了题为《丰田英二如是说》的采访报道，揭露了当时的真相。

　　丰田回忆道："确实我们拒绝接盘渡边拥有的小糸制作所的股票。当时我们只是做了一个正常的判断。虽然安倍先生可能非常期望丰田购回小糸的股票。"又说："安倍先生似乎管得有点太宽了，他不应该插手太深。政治家，特别是有当首相野心的政治家要小心陷入这样的问题。像安倍先生这种立场的人，实在不应该插手得如此之深。"

　　丰田对这件事似乎相当生气。安倍晋太郎结果也未能当上首相。

在小系问题出现的好几年前，丰田汽车也处理过类似的事件，当时丰田顺从地接了盘，但丰田英二一直为此事耿耿于怀。这就是丰田汽车接盘丰田自动织机的股票一事。

丰田自动织机本是丰田汽车的母公司，历史悠久，持有以丰田汽车为首的丰田集团的众多股票与不动产，且账面价格很低，因此拥有巨额的账外收益。日本土地集团的新兴房地产公司日本现代企业收购了丰田自动织机的大量股票。经过暗中交涉，丰田汽车悄悄地将股票高价购回。新闻几乎没有报道此事。

丰田英二由此得到了一个刻骨铭心的教训：对集团公司的收购或是敌意并购，必须秉持彻底公开的态度来应对。因此在小系问题上，丰田才会说这只是做了一个"正常的判断"。

由于丰田英二的拒绝，渡边喜太郎陷入窘境，于是他企图借助美国绿票讹诈犯皮肯斯来解围。对渡边来说，这是一场花费巨大的高风险豪赌。

之所以皮肯斯不用出一文钱，只需扮演一个大股东，是因为他虽然批评了日本的系统内交易以及日本市场的封闭性，但过程中所需的资金与花费，包括股价下跌的风险全部由渡边喜太郎一方承担。

渡边的立场和声称保证特金与指定金外信托利息的证券公司与信托银行的立场几乎一样：所有风险都由自己承担。而规避风险的前提是股价与地价能够持续上涨。

实际上，从皮肯斯登场到退场的两年间，日经平均指数几乎下跌了一半，小糸制作所的股价也几乎跌至原来的一半。渡边后来在自己的著作中承认，因为小糸的股票他损失了将近1000亿日元。虽然麻布建物此后又苟延残喘了好长一段时间，但收购小糸制作所的股票确实导致了麻布建物集团的破产。

皮肯斯的质疑

在泡沫经济时代的终场，皮肯斯收购小糸制作所事件如同《三国演义》中主人公们斗智斗勇的戏码。值得关注之处在于，它提前展示了其后日本企业与投资家们必须直面与解决的问题，比如稳定股东、企业管理、日式商业交易以及全球化浪潮中日本股市的变革问题，等等。

由于丰田汽车对小糸制作所的稳定股东持股率始终高于62%，所以有效防止了皮肯斯夺取经营权。在皮肯斯实施收购之前，大股东们对小糸制作所股份的持有率分别为：丰田汽车持有19%，日产汽车持有10%，松下电器产业持有10%，银行、生命保险各自所持略多于10%。

丰田汽车与日产汽车是最大的竞争对手，它们并列成为小糸的大股东这件事本身就是日式稳定股东的奇妙之处。正因如此，渡边喜太郎计划向丰田汽车出售自己所持的股票。渡边以为如果条件合适，丰田汽车大概期望成为占据绝对优势的第一大股东，所以会以适当的价格增购小糸的股票。

同时，日本生命、第一生命等生命保险稳定股东之间的关系也很微妙。1989年，渡边喜太郎团队以5470日元的高价收购小糸的股票时，生命保险却不趁机抛售。作为专业投资机构，这个行动违反常理。日本生命、第一生命这类公司与丰田汽车、日产汽车作为股东的立场完全不同。对于专业投资机构来说，不管买家是谁，如果不在高价时出售股票，就违背了作为投资者的行动原则。作为专业投资机构，行使股东权利的原则就是必须要为投资者以及顾客的利益着想。

当时，稳定股东的准则并没有在投资机构得到落实。对当时的生命保险来说，对丰田汽车的请求言听计从才是理所当然的行为准则。

小糸制作所到底是否是丰田汽车旗下的公司？如果它隶属于该集团，那么按照权益法，丰田汽车应该持有小糸20%以上的股份，而丰田回避了这点，将所持股份控制在19%以内。

皮肯斯在媒体和股东大会上对系统内交易与稳定股东的准则明确表示了反对与厌恶。对当时的日本人来说，确实无法理解他的许多说辞。但25年之后再回首，正如皮肯斯所言，交叉持股这种商业关系确有许多弊端，正在慢慢地被时代抛弃。

其后丰田所持的小糸制作所的股份正好达到20%，按照权益法，小糸被纳入丰田汽车旗下。丰田汽车的竞争对手日产汽车在卡洛斯·戈恩的领导下，将原先所持的股份全部出售，不再插手小糸的经营。而原先几乎相同的银行与生命保险的持股比例也出现了差异。当时丰田汽车竭力维持的稳定股东所持股份占62%以上的结构已经发生了变化。但在企业并购日益常态化的现代社会，维持稳定股东的必要性丝毫没有降低。

谁是赢家

25年过去了，当事者各方的现状到底如何呢？

丰田汽车已经成为世界最强的汽车生产公司，正在为3兆日元的盈利目标开展其世界战略，同时在日本，它也担负着保障就业的重要职责。小系制作所与丰田汽车集团关系密切，但与日产汽车也保持着较为频繁的业务往来。公司股价维持在一股5000日元左右的水平，这个价格正是当年渡边喜太郎收购的价格。从长期来看，皮肯斯与渡边喜太郎对小系制作所的前景预测并未出错。

而皮肯斯批评的系统内交易，作为一种长期稳定的贸易伙伴关系仍然存在，只不过顺应潮流对当初的形式做出了改变。由丰田公司构建的"丰田生产方式"（管理方式）在世界制造业的生产体系中，已经作为一种良好典范在各地推广扎根。

当时美式资本主义正以各种各样的方式侵蚀日本，丰田在此次攻防战中不仅打败了绿票讹诈犯皮肯斯，而且证明了在同一块战场、同一套体制下，其独有的企业管理方式所具有的合理性。

据新闻报道，皮肯斯仍然在得克萨斯州致力于石油与天然气的开采，但并没有消息表明他已经作为成功的投资家蜚声海内外。

而渡边喜太郎率领的麻布集团，由于股价与地价相继暴跌，在夏威夷等世界各地开展的事业，比如酒店、高尔夫球场等统统失败，公司最终破产。其后，渡边重新以麻布之名创建公司，默默地开展活动。

丰田英二与皮肯斯和渡边喜太郎之间的差异到底在哪里？在

这场争斗中，丰田运用企业并购的游戏规则将皮肯斯与渡边喜太郎彻底击败。它象征着收购时代的结束和企业并购时代的到来。而对美国来说，它也吹响了新时代的号角，意味着时代青睐像巴菲特那样的长期投资家，而非像皮肯斯这样的短期套利者。

在这场争夺企业经营权的战争中，丰田集团大获全胜。但就经营规则而言，在金融自由化和全球化的大背景下，皮肯斯的许多主张也被采纳。

当然丰田英二对此心知肚明。作为经营者，他的直觉告诉他，官商勾结、政治家出面斡旋就能强迫企业屈服的时代已经过去。如果摊上这种事，与其依赖政治家还不如花费重金雇用律师，或是由处理企业并购业务的专业机构和会计师事务所来制定对策。当时丰田汽车的专务奥田硕是这场并购防卫战的指挥官，于1995年升任公司总裁。

25年后，丰田家族的丰田章男总裁在2015年7月通过发行丰田AA股筹集了5000亿日元。丰田AA股既非债券也非普通股票，而是一种特殊的股票。在五年的偿还期内，持股人名义公开，股东因此成为公司的稳定股东。公司也承诺以后的五年间每年分发远超发行时1.5%利息的红利。丰田的红利比一般公司债券的利息高，而且有信誉保证。既不同于股票、债券，也不同于可转换公司债券，这是利用人们的信赖感进行的一种崭新的融资形式。丰田汽车总裁丰田章男认为，这是一种培养"长期稳定的熟人型股东"的尝试。

将皮肯斯引出并出色地一举歼灭，源于丰田英二的决断。他通过让皮肯斯和渡边喜太郎这种投机收购分子在舞台上扮演

"企业并购专家"，以此证明了丰田的正确性。当然，泡沫经济破灭也为丰田的胜利提供了有利条件。

丰田英二的怒气并非指向皮肯斯与渡边喜太郎，他不过是在指桑骂槐，通过对他们的轻蔑来表示对躲藏在他们背后的政治家、官员、银行以及证券公司的愤怒。

与此同时，这也展示了制造业经营者的意气。在泡沫经济时代，日本社会形成了一股对金融业与服务业妥协退让的风气，而敢于对这种风气提出异议就是丰田的意气所在。

丰田英二曾说过："在泡沫经济时代，干实事的人是傻子，这样的说法很流行。""在泡沫经济最鼎盛的时期，大家好似过节一样情绪高涨，当时有许多人不知天高地厚地将浮夸当作理所当然。""从小糸事件上也能看出这一点。泡沫经济时代终究还是一个错乱的时代啊！"

2013 年，丰田英二以 100 岁高龄走完了他意志坚定的一生。

5 住友银行的大罪
是伊藤万事件还是小谷问题

"我心灵的寄托是住友银行。"

哪怕经过 25 年，还是没有哪句话能如同这句话一样，将泡沫经济时代的风潮、银行行为准则的蜕变表现得如此淋漓尽致。

1989 年 6 月 22 日，正值泡沫股市繁盛之时，《日本经济新闻》用一整个版面登载了一篇报道，题为《验证股票交易，受质疑的交叉持股模式，支持投机战的大银行》。

报道的主人公是小谷光浩。当时他被认为是股市上最令人震惊，也最有力量的投机者。他是科林集团（后来更名为光进集团）的统帅。光进集团是一个神秘的投机集团，从 1986 年开始突然备受财界与金融界关注。它是许多上市企业，比如国际航业、蛇目缝纫机、藤田观光、协荣产业、东洋酸素等大公司的大股东，举手投足都会受到关注。

1988 年 12 月，在经过国际航业董事长桦山健三与其子桦山明的内讧问题之后，小谷在临时股东大会上取得了该公司的经营权。1989 年有新闻报道，东京地方法院的临时判决宣布，对收购且持有国际航业超过一半股份的小谷光浩限制行使股东权利。

蛇目缝纫机工业之争是小谷发动的大型投机战的头阵。1986 年，小谷已经取得蛇目缝纫机工业将近 30% 的已发行股票。对蛇目缝纫机工业的主要合作银行埼玉银行来说，小谷已经成为不容小觑的存在。如前所述，1983 年，美蓓亚公司的总裁高桥高见曾企图利用公开收购股份对蛇目缝纫机工业实施敌意收购，但在最后栽了跟头。当时国际兴业（与前述国际航业不同）的小佐野贤治被认为是埼玉银行与蛇目缝纫机工业的幕后所有者。如同在美蓓亚问题中已经介绍的那样，传言由于小佐野动用了政治力量进行干涉，使得当时的大藏大臣竹下登的态度从支持变成反对，导致高桥在最后关头失败。

继高桥之后，小谷也企图收购蛇目缝纫机。对此，小佐野亲自出面与其接触，威胁说："你有胆就买给我看看！"小佐野企图以小谷要多少就卖多少这种彻底的倾销战略来让愣头青小谷尝尝厉害。

小谷接下了这招。1986 年 10 月 27 日，小佐野逝世。坊间传闻，正是与小谷在蛇目缝纫机工业上的争斗才早早要了小佐野的命。

关于小谷，对这个以国际航业为舞台，成功完成他首次敌意收购的男人，人们并没有予以特别关注。但在业界人士的眼中，小佐野贤治是田中角荣的生死之交，被称为日本战后体系最后的黑幕。小谷却一举摧毁了小佐野，这使小谷就此令人刮目相看。

在 20 世纪 80 年代的"泡沫绅士"中，小谷尤其神秘，出身或是资金来源都不为人知。在 20 世纪 80 年代前半期，小谷经营的房地产公司只不过是路边随处可见的门庭冷落的小店。从 20 世纪 80 年代后半期开始，小谷通过股票投资将手伸向各方，同时发动了好几场投机战，一跃成为时代的宠儿。

支持投机战的银行

1989 年 6 月上旬，我第一次对小谷光浩进行了采访。光进公司东京事务所的总裁室位于西新宿甲州街边的一座出租大厦的四楼。这位总裁手持第一批上市公司国际航业的经营权，又从小佐野贤治那里夺得了著名的蛇目缝纫机工业，影响力直抵埼玉银行的核心管理层。这是一位率领投机团队频频让世人为之惊叹的大将。但与此印象相去甚远，他的办公室不过是一间朴素的小事务所的接待室罢了。

在这里，小谷絮絮叨叨主动向我讲述了许多事情。

他说："其实我就像为企业治病的医生。"与泡沫经济时期的其他"泡沫绅士"不同，小谷一旦着手收购该企业，就必定要深入企业，调查企业的主要合作银行，通过直接听取一线职员与高层双方的意见了解该企业的内情，以及企业与银行的立场。

他一边澄清"我就算向政治家示好过，也并没有利用过他们"，一边列出几位与他关系亲密的政治家，比如中曾根康弘、安倍晋太郎、宫泽喜一等。就中曾根康弘而言，小谷明确表示，他曾经在国际航业股票的双边交易中向太田英子奉上 1.2 亿日元的收益。太田英子被称为中曾根的账房先生，后来主管山王经济研究所的行政事务。

在经济界人士眼中，小谷与三井房地产的董事长江户英雄关系良好，一段时间，江户曾经公开扬言："我就喜欢小谷才气焕发的样子。"相关人士认为，小谷在获得东京迪士尼的建设用地时进行的地皮炒作赢得了江户的欢心。同时，小谷与三井信托银行的总裁中岛健也是能够在融资中直接讨价还价的朋友，这在银行相关人士中早已见怪不怪。

小佐野贤治死后，埼玉银行的行长增野武夫也与小谷保持了若即若离的关系。据说他们二人是在竹井博友的介绍下认识的，而竹井当时是房地产公司和房地产集团的总帅，后来因为偷税漏税被判刑。当然，竹井与小谷是共同被套牢在欲望与股市上的难兄难弟。

小谷还夸口说："我同住友银行的堀田庄三、野村证券的田渊节也都非常熟悉。"他的话到底有几分虚几分实，实在摸不清。这是一场难辨真伪的采访。

虽然之后光进集团有许多大手笔的行动，或者正是因为这些华丽的活动，坊间才一直流传着他们资金短缺。这恐怕也是因为他们一直没有公开公司的资金来源。

我问他："如果要持续打投机战，那么公司的金融能力非常重要吧？"他回答道："日本长期信用银行、三井信托银行，以及该系统的非银行金融机构等都对本集团给予支援。"他突然没来由地坚决表示："住友银行是我做生意的原点，也是我心灵的寄托。"

当时日经负责"验证股票交易"专题的采访团队，包括我自己，最关心的问题都在于要弄清楚银行对于泡沫经济的膨胀到底起到多大的推动作用。

那时候，不只是小谷光浩，像秀和的小林茂、麻布建物的渡边喜太郎、EIE 的高桥治则等泡沫经济时代的宠儿都加入了股市，以行使股东权利为名积极进行企业并购。小谷光浩等人一夜暴富的背后应该有大银行的支持吧。这其中，住友银行通过近年的经营改革，从 20 世纪 80 年代后期开始崛起，超过富士银行，成为名副其实的第一银行。如果能够厘清它和小谷光浩之间的交易往来，那么这将成为揭露泡沫经济时代的本质的重磅新闻。

当然，新闻报道不能单凭小谷的一面之词，我们已经着手进行全方位调查。已获得的重要线索表明住友银行与光进之间的交易正在新宿的新都心分店进行，那家分店对开拓新业务十分积极。我们还了解到住友银行主管业务的副行长西贞三郎与小谷光浩的关系非常密切。

当报社的 S 记者采访西副行长时，他回答说："住友银行给予光进集团的融资金额为 114 亿日元。"

在当时的住友银行，矶田一郎董事长是绝对权威，而西贞三郎是矶田的直系，由他来统管所有的业务。西贞三郎通过勤奋学习从私立大学的夜间部毕业，后成为银行高层，是住友银行业务的象征。人们将他与很早就从伊藤万跳槽过来的河村良彦常务看作不及格公务员[1]之星。从这两人可见，矶田一郎的经营方式

---

1 在日本的中央政府机关工作的职员必须通过国家公务员 I 级考试。而未能通过或没有参加过该考试的职员被叫作"不及格公务员"，类似我国的编制外公务员。

就是一边巧妙使用不及格公务员，一边积极展开营业攻势。

我同 S 记者事前约定，如果住友银行给予小谷的直接融资金额超过几十亿日元，那就把对小谷的采访写成一篇报道。后来在 1989 年 6 月 22 日，报纸刊登了这篇报道。

1990 年 7 月，小谷光浩由于操纵藤田观光公司的股价，以违反《证券交易法》的嫌疑被逮捕。1991 年 2 月，又以恐吓蛇目缝纫机工业非法取得 296 亿日元的嫌疑再次被逮捕。小谷被捕后极有可能很快被定罪，我们在充分预料到了这一点的基础上，刊登了题为《住友是我心灵的寄托》的报道，而且还加上了小谷的照片。

这篇报道得到了意想不到的反响，但住友银行对此缄默不语，对报道既不否定也不肯定。无论是编辑部还是我们采访小组，都没有收到住友银行打来的半个电话。

类似住友银行与小谷光浩之间的纠葛在当时普遍存在，比如日本长期信用银行与 EIE 的高桥治则、三井信托银行与麻布建物的渡边喜太郎，以及在第四章中将要提到的日本兴业银行与尾上缝。多年之后回首往事才察觉，他们当时都全身心地投入到了这种只能用"匪夷所思"来形容的交易中。而且对一些不能直接融资的案例，双方甚至利用住专等非银行金融机构、一些规则宽松的信用金库与信用合作社以及农协系统的金融机构等来达成目的。

本来，作为日本金融体系的领头羊，都市银行与长期信用银行应该通过储蓄和发行金融债券等业务从国民手中筹集资金，然后将所筹集到的资金用于企业的设备投资与企业经营等，为日本经济的健康发展与社会成长负起责任。这也是银行获得特殊营业许可的条件。

而且从日本的大企业的立场来看，大银行，特别是主银行算是企业的后援。许多企业与银行通过长期交叉持股，互相成为对方的稳定股东。这就是战后日本体系中大银行的职责所在。

而就是这些银行，对小谷光浩之类的收购股票进行企业并购的投机分子，直接给予了 100 亿日元以上的融资资金，而且默许系统内的非银行金融机构流动着几千亿日元的资金。

从作为银行交易伙伴的企业的角度来看，这就是一种背信弃义的行为，是一种欺骗。住友银行正是因为明知故犯，所以当小谷光浩声称"住友是我心灵的寄托"时，才会装聋作哑。

因为如果地价与股价持续上涨，对住友银行来说，这种沉默将带来巨大的利益。通过暗中交涉，双方之间的融资可能变成别的交易，所以与小谷的交易也很可能换上其他的面貌。1990 年以后的股价暴跌不仅彻底摧毁了小谷描绘的蓝图，而且使住友银行受到重创。

小谷问题与伊藤万问题

1990 年 7 月，小谷被捕，在投机战中帮助小谷筹集资金的住友银行青叶台分店店长山下彰则也受到牵连被捕。

此时正是矶田一郎董事长统管住友银行的最后时期。当时，银行上下都被伊藤万事件弄得焦头烂额。伊藤万实际上负责住友银行的商社业务，在石油危机后长期业绩低迷。为了使其起死回生，矶田董事长派遣自己的心腹住友银行的常务河村良彦去伊藤万当总裁。1990 年 2 月，在河村的策划下，协和综合开发研究所所长伊藤寿永光入职伊藤万并任企划监理本部部长，6 月又升任公司常务。

伊藤寿永光将自己经手的包括炒地皮等各种不良案例，带到了伊藤万处理。不只是房地产，他还投资艺术品。这类交易的总金额高达 700 亿日元，关西黑社会的头面人物许永中也涉及其中。

显然，这是伊藤万总裁河村良彦监管不良，也是矶田一郎用人失误，无论其中有何种冠冕堂皇的理由。

20 世纪 70 年代后半期，当时日本十大商社之一的安宅产业面临破产，作为其主银行，矶田一郎带领住友银行做出英明决策，使其渡过了难关。但这一次，因为伊藤万问题矶田一郎却使住友银行陷入了困境，银行行长巽外夫以下的住友银行相关人士对此都越发感到不安。

就在这样的情势下，1990 年 10 月 5 日，住友银行青叶台分店店长山下彰则因为"在小谷光浩的问题上有违反出资法的嫌疑"被逮捕。小谷光浩的投机战以及他与住友银行的关系也因此曝光。时隔一天，10 月 7 日，矶田一郎董事长召开新闻发布会宣布退任，为青叶台分店店长山下彰则帮助小谷光浩非法融资承担责任。

这个退任理由说明矶田一郎承认小谷问题是一个重大事件。同时也表示，矶田一郎没有把伊藤万问题当作自己的失职。

10 月 16 日，矶田董事长正式辞职，退居幕后成为董事顾问。西贞三郎副行长也辞了职。在这个过程中，住友银行的管理层与矶田发生对峙，结果管理层获胜，对营业体制进行了事实上的革新。西贞三郎的辞职就是管理层胜利的象征。当然，伊藤万总裁河村的辞职也是大势所趋。

当时，为了处理伊藤万的不良债权，住友银行的常务西川善文可算是背水一战，为此他将恩人矶田赶下宝座。1997年，西川在其58岁时就任住友银行行长，在职八年；2006年1月，担任当时已转为民营企业的日本邮政的总裁；2009年退任，完成了自己的应尽之责。

2011年，西川出版了自己的回忆录，题为《最后的银行家》。西川经历了泡沫经济时代的风风雨雨，在书中记录了许多鲜活的事例。这本回忆录可算是理解泡沫经济时代的必读书。

但在书中西川几乎没有谈及小谷光浩与住友银行的关系。这本300多页的回忆录只有13行字稍微触及此事，而且是用于描述银行职员山下彰则的犯罪。姑且在此引用全文。

"这时（由于伊藤万问题，大家在为解除矶田一郎的职务而四处奔忙时），意想不到的事情发生了。住友银行青叶台分店店长山下彰则由于在对小谷光浩的业务中有违反出资法的嫌疑在10月5日遭到逮捕。小谷属于投机集团光进，他依靠住友银行的融资屡屡在股市展开投机战，后来由于对蛇目缝纫机工业进行恐吓，以违反《证券交易法》被起诉。山下店长采用的伎俩被叫作'私自放款'，即利用分店长的职位，劝诱高额储户融资给小谷。而1988年春季到秋季的融资存在违法嫌疑。这种融资被叫作'融资斡旋'或'介绍融资'，不管叫法是什么，其实质是分店将储户的存款当作暂付款在未经上级许可的情形下借给他人。对于银行来说，这完全是一种违禁行为。在住友银行，据我所知这样的事也仅此一例。其后，山下被判刑一年六个月，缓期三年执行。"

西川把关系撇得干干净净。他把小谷问题当作一个非常罕见、前所未有的由银行职员个人渎职引发的违法行为。仿佛在说，与伊藤万事件比起来，小谷问题无足轻重。

我对此并不认同。20 世纪 80 年代中期以后，住友银行选择了重点支持房地产的经营路线，而山下彰则店长是在这条路线下培养起来的众多住友银行职员中的一个。他与众多日本的银行职员具有相同的认识，不知从何时起走上了犯罪的道路。

如同"住友是我心灵的寄托"这句话所表述的那样，小谷光浩与住友银行的交易在泡沫经济时代不断扩展。伊藤万事件是住友银行的经营干部自己勾结黑社会，应当自负其责的人祸。就小谷与住友银行不断扩展的交易而言，可以说也是住友银行的营业战略带来的必然结果。

在西贞三郎副行长的指示下，接待小谷光浩的店铺从大阪的小分店转移到东京新宿繁华地区由山下彰则负责的分店。以此为据点，扩大了许多房地产项目的规模。

住友银行在房地产融资斡旋、介绍非银行金融机构、协助贩卖高尔夫球场的会员权等业务上积累了经验。刚好此时小谷专注于股市投机战，二者不谋而合，于是山下积极介绍分店的顾客向小谷投资。这被叫作"住友方式"，是住友银行从 20 世纪 80 年代后半期开始重点打造的面向房地产交易的参与模式，其他银行也纷纷模仿。这是一种徘徊在违法边缘的灰色模式，一不留神就是犯罪。至少，山下是这样看的。

机构改革造就"住友方式"

自从住友银行聘任麦肯锡担任经营顾问，并于 1979 年引入"总本部制"进行大胆的机构改革以后，住友银行的营业体制出现了戏剧性变化。在当时的行长矶田一郎的主导下，银行进行改革，将营业与审查的职能一体化以达到快速提供服务的目的。当时由于旧安宅产业陷入经营困难，高达 1000 亿日元的债权无法回收，恢复银行的盈利能力成为最紧迫的任务。当时银行按照外聘顾问麦肯锡的意见对实权人物（前任行长）堀田庄三的体制进行了改革。有人将这场改革称为"无血革命"。结果顾问大前研一一举成名，这场改革使经营顾问在日本家喻户晓。

在这场改革中，营业本部首先对房地产业务进行了革新。本来为客户提供购房贷款是银行的主要业务，但住友银行对房地产中介的手续费也垂涎欲滴。由于只有信托银行才被许可开展房地产中介业务，住友银行想出了一套能够钻规则漏洞的方法：银行给房地产公司介绍客户，不拿手续费，让房地产公司以协力存款之名存入款项，给予低利息。由此银行能够通过利息获得与房地产中介手续费相当的利润。住友银行在介绍其他非银行金融机构时也使用了相同的手法。

这种手法被叫作"住友方式"。因为住友银行的迅速成长而感受到威胁的富士银行以及其他都市银行，还有日本兴业银行也开始采用这种方式。在住友银行内部，以山下彰则为代表，不满足于仅仅通过住友方式来拓展业务的银行职员也开始增加，他们把手伸向更多领域，比如股票与艺术品投资、高尔夫会员权买卖等。

山下的著作中写到，某个分店长说："让我们追求边际利润吧！"这个店长恐怕对经济学中的边际利润这个概念一无所知，所以按照自己的理解造了个句子。他想表达的意思大概是"竭尽全力拼搏"吧。

对山下来说，他追求的边际利润就是在小谷光浩的股市投机战中给予融资支持。

在泡沫经济时代末期，西川善文在处理伊藤万事件时展示了惊人的决断力。不可思议的是，在西川的回忆录中居然没有对促使经济泡沫膨胀的银行，特别是被看作个中尖兵的住友银行的营业方式进行反省。

追求边际利润的结果就是，在1989年3月的决算中，住友银行再次成为都市银行中的盈利王者。这距离住友银行因为平和相互银行的不良债权问题被迫将王座拱手让人仅仅两年。

这是由矶田一郎发起的机构改革或者说成长路线在第十个年头结出的硕果，同时也是被银行推动的泡沫经济的产物。

西川善文就任行长后，住友银行在2001年与三井集团的樱花银行合并，西川成为三井住友银行第一任行长。

泡沫经济这宗大罪，最后由住友银行的矶田一郎与西贞三郎副行长扛了下来。但这是一个公正的评价吗？

河村良彦在最后关头受伊藤寿永光连累，使伊藤万成为黑社会的玩物。在此我并不打算为他辩解。然而，未能有效监控小谷光浩的西贞三郎、一心希望出人头地但最终走上犯罪道路的山下彰则，他们果真是没有常识的银行职员吗？

矶田一郎在20世纪70年代为安宅产业的破产问题四方奔走，

公开声称"将 1000 亿日元扔进了水沟",又说"不会在意旧伤疤",决心东山再起。1979 年,矶田推行机构改革。将房地产融资特殊化,使审查与营业一体化,力图一鼓作气扩展业务的住友银行四处播下了纷争的种子。令人啼笑皆非的是,这样的机构改革与营业方式同时又打下了盈利的基础,使住友银行在泡沫经济破灭后得以幸存。

矶田一郎的住友银行继承了西贞三郎与西川善文的基因。

位于御堂筋与本町通交叉点的伊藤万大厦已经让渡到积水房屋¹名下,于 2010 年被改建为 27 层的大厦,本町的都市庭院与大阪瑞吉酒店都入驻其中,成为大阪的新地标。对于伊藤万事件的相关人士来说,这栋大厦使人感受到时代的变迁。

而光进集团的小谷光浩虽然没留下任何丰功伟绩,但他的狂言"逮捕我,日本将会有大麻烦,因为日本的体制会崩坏"留了下来。历史如他所说的那样发展,但如今已无人提起他。

1　日本最大的住宅建造商之一。

6 "令股票冻结的男人"所预见的 战后日本总决算

1989 年 11 月左右，我听见野村证券董事长田渊节也说："海水的颜色变了。"当时日经平均指数突然高涨，有狂飙至 4 万日元左右的势头。

从 1947 年开始直到泡沫经济时代结束的将近 40 年间，田渊节也一直活跃在日本证券公司的第一线。从战后恢复证券交易开始，他历经了 1965 年的证券市场萧条、石油危机以及泡沫经济时代的风风雨雨，可算是最熟悉市场的男人。

在 1988 年 3 月的决算中，野村证券拿出了经常利润 5000 亿日元的成绩，一跃成为日本盈利最多的金融机构。包括制造业在内，这个经常利润也是日本第一。由于野村证券强大的市场影响力与信息发布能力，泡沫经济破灭后，有人批评野村证券也是导致 1988 年至 1989 年经济泡沫膨胀的主犯之一。

田渊所说的"海水的颜色变了"当然是指"狂热股市的转

折点"，但意思并不仅限于此，它还意味着泡沫经济的破灭是"战后日本体制的总决算"。

在 1990 年 2 月 23 日《日本经济新闻》的早刊中，我在新闻报道中引用了田渊的上述话语。1989 年的年末股价高达 38957 日元，新年后开始下跌。当时，绝大多数人认为股价下跌不过是短期调整，之后股市将继续保持涨势。

《日本经济新闻》用一个版面登载了一篇题为《三重优势的崩坏》的专题报道。这篇报道成功地预测了股市此后持续直线下跌的走势。当时"日元升值、金融缓和、原油降价"被认为是牵引股价高涨的三重优势。1990 年 10 月，日经平均指数瞬间降至 2 万日元以下。而 1989 年的年末股价为 38957 日元，由此看来，仅仅九个月，日经平均指数就已经降至一半。

这篇专题报道登载当天，《读卖新闻》的评论员太田宏（后来成为读卖新闻的副总裁）打来电话说："这是一叶知秋啊。"他敏锐地捕捉到我的所思所想。太田也认为股市走到了拐点。

1953 年 2 月，立花证券的创办者石井久用"独眼流"的笔名写下"梧桐一叶落，天下尽知秋"，预言了 3 月 5 日因斯大林去世引发的股价暴跌（即斯大林暴跌）。在股市上，这个预测被当作一语道破天机的典范一直被提及。

在报纸上登载预测股价下跌的文章是一件令人非常不安的事，因为几乎所有的证券公司与投资者都期待媒体宣传股市即将迎来新一波高潮。而且从原理上来看，预测不确定的未来也是不可能的事。即便如此，如果经济的各项基础指标与股价之间出现了显著背离，泡沫经济说不定什么时候就会破灭。将这个事实明白地告知大众是经济记者的职责所在。

在我为此纠结的时候，被称为证券界头面人物的田渊节也很早就预测了泡沫经济时代的末路。他明确指出了日本股市将要走下坡路的根据。这些根据成为我构建股市下滑论的重要指针。

经过从 1988 年到 1989 年的股价上涨之后，泡沫经济的破灭已经迫在眉睫。田渊对此也有深切感受。虽然股价下跌的大势已经明了，对于具体的下跌时间还是毫无头绪。股市是无法被准确预测的。在 1989 年的年末股市交易日，野村证券负责股市的专务 K 说："20 集的股市连续剧现在才演到第 4 集。"这与其说是他的轻率发言，不如说是他从经营的角度对情势做的乐观判断。

这些逸闻都出自田渊之口。田渊去世的前一年，2007 年 11 月，在《日本经济新闻》的连载专栏《我的履历书》中记录了田渊对当年往事的回忆。

田渊在文中说道："日经平均指数相继超过 2 万、3 万日元的时期，我却开始持悲观态度。公司对我提意见，认为'野村证券的董事长如果持悲观态度会给市场带来不好影响'。在股市有'年末一到，股价上涨'的说法。当公司大部分人都认为'股市还将迎来新一波高潮，绝对不能放过赚钱机会'时，我也没有自信将自己的主张坚持到底。"

1989 年，田渊轻声对我自嘲道："这就恍若跳阿波舞。跳舞的人愚蠢，看的人也愚蠢。跳或不跳，最后股价暴跌时投资者都将一无所有。所以证券公司如果不浑水摸鱼才是损失。"这就是泡沫股市真实的一面。

作为在股市有 40 多年经验的行家，田渊预感到了股价的暴跌，同时作为证券公司的董事长要对公司的经营负责，在这种纠结的思绪中，以"海水的颜色变了"的感叹记录下了这历史的拐点。1990 年 2 月 23 日，文章即将登载进行最后确认时，他虽然拒绝承认"海水的颜色变了"为自己所言，但同意将之写成"证券界首脑"所言。他当然知道，如果这样写，几乎所有的相关人士都会认为所谓的"证券界首脑"就是田渊。

我还保存着当时与他讨论的资料。当我问他股价将会降至何种程度时，他干脆地回答："日经平均指数可能会降至 2.4 万日元吧，不，甚至可能降至 2 万日元以下。"从 1989 年的高值来看，2.4 万日元是已经下降了将近 40% 的价格，它使 1988 年至 1989 年的股价上涨全都化为泡影。在当时银行与证券公司相关的首脑一级的人当中，除了田渊没有人能够做出这种预测。

银行全力制造的土地泡沫

"海水的颜色变了"这样的现象真实发生于 1923 年关东大地震前，那一年，田渊出生。说是有一位富豪带着家人来房总半岛避暑，他们发现海水的颜色与平常不同，认为是凶兆，所以返回了东京，把财物细软等重要物品都保存在安全的地方，由此避免了因地震带来的经济损失。

当时田渊之所以对股市感到悲观，也是受到好友石井久的影响。石井久被称为"股市师傅"，是立花证券的董事长。自从他准确地预测了"斯大林暴跌"之后，就一直以立花证券为舞台，凭着对市场敏锐的分析或买或卖，肆行无忌。虽然他不再使用"独眼流"的笔名,但仍然为《日本经济新闻》撰写专栏。

高桥龟吉对石井久十分佩服,将石井当作老师一般尊敬。从战前的昭和恐慌[1]、黄金出口解禁等经济困难局面开始,高桥就作为《东洋经济新报》的记者以经济报道的形式进行了精彩分析。战后,他又作为自由经济学者持续地发表精准的评论。

就是这个被高桥景仰的石井,在1989年年底将个人资产中的日本股票全部出售,转而购买了长期国债。当时有人问他为何有此举动,他避而不答,只说:"对于我个人的投资,不管成功还是失败,只能招来客户的怨恨。"自从1990年股价暴跌以后,石井就尽力避免发表评论,几乎再也不对股市之类的发表意见。

田渊节也、石井久以及索尼的盛田昭夫三人是定期聚会的老朋友。野村证券负责索尼的金融业务,石井久则负责运用盛田昭夫的个人财产。当石井把自己手中的日本股票全部抛售转而购买长期国债时,他们绝不可能不讨论。

田渊的过人之处并不在于准确预见从1988年开始到1989年结束的让全民狂热的泡沫股市和它的转折点,而在于他首先正确认识到金融体系在战后日本经济发展中发挥的作用,特别是银行与证券公司的作用和极限。

从银行不改变也不能改变的立场,可以看出银行对"有担保主义"的执着。银行将土地视为绝对可信赖担保,以此为基础构筑了一套可以被叫作"土地本位制"的机制,并由此制造出了

1　1929年由于受到美国经济危机影响而发生的经济危机,一直延续到1931年,被认为是战前日本最严重的经济危机。

地价不会下跌的"土地神话"。

进入20世纪80年代，银行更加执着于土地担保的信用创造。而企业与银行也竞相通过所有土地的账外收益、不断高涨的股价来筹集资金。同时他们又打着"理财技巧"的名号，积极运用筹集来的资金，这就是日本的泡沫经济。虽然银行对泡沫经济负有主要责任，但证券公司也在火上浇油，不能不承担相应责任。

1987年"黑色星期一"当天，田渊正好在美国。他认识到美国的股价暴跌是股市的转折点。如果那时日本也同美国一样对股价进行调整，那么因泡沫经济破灭所遭受的打击就会小得多。

以1984年成立的日美间日元美元委员会为契机，美国对日本封闭的经济制度，特别是金融体系进行了公开的批评。野村证券意图引进外资作为开放的窗口，利用海外要求日本金融自由化的压力来推进日本金融改革。野村证券与摩根银行设立合资信托公司的构想也是顺应历史潮流的一步。

但大藏省的护送船队式行政制度却是一道又高又厚的墙。

当时田渊说道："这次的泡沫股市规模巨大，所以它的反作用也会十分巨大。无论如何，这是银行全力制造的土地泡沫，所以账也要算在银行头上。"

按照田渊的判断，"1965年的萧条"不过是日本经济高速发展过程中的一个片段，终究只是山一证券这家"证券公司"的个别经营危机而已。但田渊在1965年的萧条中也看到了日本兴业银行的转机。以兴业银行为首的长期信用银行发行的贴息金融债券被证券公司滥用来筹集资金。这种被叫作"委托运用"的资金筹集方式是山一证券危机的本质所在，山一证券的危机也是兴业银行的危机。

但是，20世纪80年代后半期发生的以高地价、高股价为特征的泡沫经济并非像1965年的萧条那样只是证券市场的局部危机，它是席卷整个金融机构的土地泡沫，当然会波及所有银行。

25年后回望这一路风雨，田渊的判断全都命中。现在都市银行的主力为三菱UFJ银行、三井住友银行、瑞穗银行三大巨型银行以及里索那集团，而长信银三大行已经从历史舞台上消失了。

银行通过土地本位制制造了巨大的土地与股市泡沫。但证券公司也通过交叉持股强化了主银行制度，在加速泡沫经济膨胀上同样负有不可推卸的责任。

田渊发挥的"矛盾作用"

对于20世纪50年代中后期首相岸信介时代所构筑的金融体系，田渊将之称为"资本主义计划经济"，说："在这个体系中，大藏省地位最高，它的代理人是日本兴业银行。在兴业银行的指令下分配资金的都市银行狐假虎威，也身处上座，而底部则是俯首听命、负责融资的证券公司。"田渊穷尽一生的奋斗目标就是打破这个固定的金融秩序。他梦想将间接金融的银行体系转换为直接金融的证券公司体系。

从20世纪60年代后半期到70年代末，在以野村证券为首的日本证券界的努力下，时价发行增资和可转换公司债券等融资方式在日本扎根下来。

1968 年，田渊参与了日本首次时价发行，也就是日本乐器制造公司（现在的雅马哈）的时价发行增资，并使其在日本普及。1966 年，由日本通运公司发行的日本首只时价可转换公司债券也是在野村证券公司的指导下完成的。索尼、本田、伊藤洋华堂等新兴企业都是通过时价发行增资这种成本低廉的方式筹集资金，作为企业发展的原动力。毫无疑问，时价发行改变了企业金融的走向。

时价发行增资与可转换公司债券的发行一举打破了日本以间接金融为主导的金字塔体系，如同魔杖将其转变为以直接金融为中心的新世界。

这其中，交叉持股是一把双刃剑。它源于 1965 年的萧条。当时担任野村证券副总裁的北里喜一郎（后来升任总裁）对田渊说："你来负责野村证券的经济萧条对策"，并将他任命为公司新设的统括部的部长。

田渊对野村证券所有的股票进行了彻底处理，并降低滞销股票的评级。这是一种通过压缩库存和降价来处理不良债权的方法。

正是因为当时股价暴跌这种应对方法才可能生效。而此时的应对让野村证券在之后日本经济复苏的时期与其他证券公司拉开了差距，为其一跃成为证券界的领头羊创造了条件。无论是在野村证券内部还是在整个证券界，田渊本人也被大家当作下个世代的领袖。在此过程中，田渊积极活用交叉持股。

对于有生意往来的企业来说，为了在决算中取得好业绩希望出售自己所持的股份，或者证券公司希望出售自己所持的股份时，如果在市场出售，股价就将下跌，就要寻找能够接盘的下家。

于是，关系亲密的公司之间出现了彼此交叉持股的倾向。战后由于财阀解体，大量急需抛售的股票也是以这种方式处理的。在当时的日本，按照旧商法规定，公司在原则上被禁止自持股票。因此对于无法持有本公司股票的企业来说，交叉持股也是对发行的股票进行供需调整的一种变形手段。

1970 年左右，随着资本自由化的发展，日本开始允许外资对国内企业进行直接投资。为了防止企业被外资收购，经营者们通过交叉持股来谋求稳定股东。主银行也基于合作企业的请求和维持自身交易的稳定的考虑，协助企业开展交叉持股。无论是企业之间交叉持股，还是银行持有客户企业的股份，都不符合资本主义本来的机制。

从 20 世纪 60 年代到 70 年代，野村证券在市场上发挥了双重作用。一方面通过向企业出售时价金融商品来推动直接金融时代的深化发展，另一方面又遵从企业与银行的要求，按照稳定股东极其日式的理念，努力维持股价。

交叉持股这种具有日本特色的机制正是在田渊节也的领导下完成的，他就是"令股票冻结的男人"。

被田渊自嘲为"贻笑大方"的这个机制从某种意义上来说也是日式资本主义的长处所在。交叉持股最终强化了主银行制度，使以土地本位制为核心的有担保主义得以持续到 20 世纪 80 年代的泡沫经济时代。

进入 20 世纪 80 年代，里根经济学与撒切尔主义等新保守主义思潮甚嚣尘上，进入全球化时代，以美国为中心的势力对日式制度提出了批评。金融自由化与时价会计等新制度的导入与一直以来日本施行的以土地本位制为基础的银行制度，以及以交叉持股为基础的集团战略都有冲突。面对全球化的新规则，日本迎来了摸索转变的阶段。

梦想着日本革新

虽然开始出现一些探索新制度的行动，比如建立日美间日元美元委员会，围绕《前川报告》中曾根政权制定了"民活"路线等，但泡沫经济的势头赶超了这些行动。

20 世纪 80 年代，本该在合理范围内增减的地价暴涨了四倍。股价几乎也按照相同比率急速上涨。发生在纽约的"黑色星期一"股价暴跌，对于日本来说本是使股价重回正轨的绝佳机会，但政府与官员们害怕会因此引爆恐慌，所以采用了加速股价上涨这种不合时宜的政策。日银也抵抗不住压力，闯入 1988 年与 1989 年狂乱的泡沫股市。

在那个时代，出现了很多匪夷所思的事情，"东京 23 个区的地价高于美国全国土地的市值""被市场分析专家评定为一股低于 50 万日元的 NTT 股票的发行价为 119.7 万日元，上市后被炒到 318 万日元""日本大型都市银行中仅仅一个银行的市值就相当于美国花旗银行的市值的五倍""一张小金井乡村俱乐部高尔夫会员资格证的价格超过 3 亿日元。有外国投资银行的领导还以为这是购买高尔夫球场的价格"。

在 17 世纪的荷兰曾经发生过郁金香热，人们一掷千金只为购得一株郁金香的球根。在当年的日本，类似的荒谬事到处都在上演。

田渊的直觉总在提醒他："这种股市不会长久。"

田渊在金融业驰骋 40 多年，对他来说，"海水的颜色变了"这句话蕴含着无尽的深意。如果田渊的预感成真，那么野村证券的收益将急剧恶化，同时诱发股价和地价暴跌，牵连住专等非银行金融机构破产，最终导致大藏省与银行多年来协力守护的不倒神话破灭。

田渊对此已经了然于心。他知道，他的预测一旦成真也就意味着自身的破产。但大势所趋，凭一己之力无法阻止。

1991 年 8 月 29 日，田渊被众议院的证券金融问题特别委员会作为证人传唤，就大量推销的股票贩卖方式、在东急电铁股票问题上对稻川会的石井进董事长的行贿嫌疑，以及对客户企业的损失补偿等问题接受询问。此后不久，田渊就辞去了野村证券董事长、日本经济团体联合会的副会长以及日本证券业协会会长等职务。

田渊通过交叉持股使日本的股市处于冻结状态，为日本的股价走高创造条件，因此被称为证券市场的大佬，但通过股市创造新日本的夙愿未能实现就退出了历史舞台。

对于美蓓亚的高桥高见、软银的孙正义等在日本企业界被嫌弃的经营者来说，田渊跨越公司间的障碍持续地给予他们支持。而且他与笹川良一的后代，日本财团的笹川阳平也成了一辈子的忘年交。

周围的人对他的交友表示担心，但田渊坚决地说："交什么朋友由我自己决定。"他认为真正能够改变日本的绝不是官员与银行，而是企业家。

"我喜欢'兼容并包'这个词。人世间善恶并存，真的能判别吗？什么是黑，什么是白，人无法知晓，唯有神才知道，时过境迁之后才能做出真正的评价。"

田渊之后，我再没有听哪个经营者说过"兼容并包"。泡沫经济破灭后，"兼容并包"已经不再被用来赞扬人心胸宽大。

第四章　清算

1989 年年末股价达到历史最高值，进入 1990 年后开始暴跌。价格降到一定程度应该就会停止了吧，人们心中这种隐约的期望却未能实现，之后股价还在不断下跌。

即便如此，仍然有人信奉"土地神话"。大藏省官员与银行干部的口头禅就是"股票与土地是两码事"。显而易见，在泡沫经济时代，股价的疯涨与地价的疯涨有着密切的关系。

以超低利息为背景的资产泡沫的破灭不可能只在股市结束。股价暴跌后大约一年半左右，地价也开始急速下跌。

这当然导致银行出现大量不良债权。眼看"银行不倒神话"即将破灭，大藏省官员与银行干部却不敢直面这现实。他们害怕会因此被追责，所以对现实置若罔闻。他们将泡沫经济的罪责归于证券公司与"泡沫绅士"，一心只想明哲保身。

1 被来历不明的操盘手入侵的兴银的末路

　　1990 年年初开始下跌的股价极大地影响了那些在泡沫经济中冲在前面的公司与金融机构的经营，而泡沫经济中那些异常交易的内幕也开始浮出水面。

　　1991 年 5 月 2 日发行的《日本经济新闻》的早刊中，用一个版面登载了题为《日本人与公司》的特辑。在特辑中写道："由于奇怪的大股东的登场，银行被弄得很慌乱。6 月即将召开股东大会。银行负责股东大会的工作人员在仔细检查股东名单的时候，突然发现一个大股东的名字，她就是在大阪繁华区经营日料店的女老板。她购入的股票包括第一劝业银行七百多万股，以及日本兴业银行三百多万股。相关人士推测，她购买的银行股票涉及五家大型都市银行和日本兴业银行。"特辑同时还写道："从那时起，属于山口组系列的总会屋集团为了能出席股东大会，相继购入了包括银行股票在内的东京部分上市企业股票。令银行头疼的是，据说这女老板与黑社会有往来，无法查明她所购买的这几百亿银行股票是否与山口组的东上作战[1]有关联。"

文中提到的在大阪繁华区经营日料店的女老板是尾上缝，她在大阪繁华区经营"惠川"与"大黑屋"两家日料店。在泡沫经济时代的大阪，人们认为她是被神灵附身的股市占卜师。证券公司的推销员们为了拿到提成，银行为了找到投资者，纷纷前来拜访她，"惠川"可谓是门庭若市。虽然不知道尾上缝是否与黑社会有直接关联，毫无疑问，她身上确实有股日本关西地区黑社会的气息。

好几个兴银的相关人员带着有关尾上缝的传言来我们报社询问。这些人都是我们的老朋友，也是值得尊敬的业界人士。"以日本兴业银行大阪分店为舞台，与她有关的令人咋舌的大宗买卖以非比寻常的方式在那里上演。"

兴银发行了一种名为"割引兴业债券"（简称"割兴"）的贴现金融债券。尾上缝一口气买了超过2500亿日元的这种债券。对于个人来说，这是一个史无前例的金额。尾上缝又以这种债券为担保向包括兴银在内的好几家银行与非银行金融机构贷款，再将贷款投资于股市。于是，尾上缝就堂而皇之地成为兴银的头号个人大股东了。

无法找到任何证据证明她与黑社会有牵连。而且就巨额购买割兴并以此为担保进行负利差融资的行为本身而言，虽然有悖常理但并不违法。但贴现金融债券是一种仅能在包括长期信用银

---

1 所谓东上作战是指山口组企图将势力范围扩展到东京的计划。

行在内的部分金融机构流通的金融商品，尾上缝的操作确实有违这种债券的本意。

就贴现金融债券而言，在长期信用银行的历史上，它属于可以无记名购买的债券，因此有人质疑它属于逃税商品，社会上也有许多批评的声音。在这种情形下，出现了尾上缝这个奇怪的投资家，于是报社决定将相关情况公之于世，以唤起社会大众的注意。

事情在见报后出现了极大进展。

两个月后的 8 月 13 日，东洋信用金库，这个关西地区三和银行系列的大型信用金库，在大阪市的酒店召开记者见面会，公开表示"东洋信用金库今里分店前店长擅自发行了 13 张、总额高达 3240 亿日元的虚假存款单"。前分店店长与某个客户共谋，发行了虚假存款单。该客户以此为担保从非银行金融机构获取融资。东洋信用金库向兴银与三和银行请求援助，日银也在当天发表声明，表示会尽力协助维持东洋信用金库的信用秩序。

此处所谓的客户就是指尾上缝。

发行金额高达 3240 亿日元的虚假存款单这种前所未闻的金融犯罪，绝不是仅凭大阪的一个信用金库的分店店长和尾上缝两个人就能完成的大案。该事件以 1987 年以后泡沫经济的绵长历史为背景。在这个历史舞台上，不仅有东洋信用金库，还有兴银、山一证券甚至松下电器集团系列的"National Lease"等许多非银行金融机构都陆续登场，上演了一幕幕狂热拜金和泡沫经济破灭后失魂落魄的跌宕大戏。

顺便一提，从泡沫经济末期到破灭为止，尾上缝这个被列入大额投资者名单的名字在部分金融相关人士之间备受瞩目。但对于实情，谁都不明所以。日银相关人士还以为尾上缝是一家纺织公司，此话一出顿时成为坊间笑谈。

1930 年 2 月 22 日，尾上缝在奈良县出生，25 岁左右时在大阪繁华区专营寿喜烧的饭店伊吕波当招待。十年间，她一直勤奋工作，与饭店的常客，据说是经济界的大佬成为好友，得到了他的援助。还有传闻说，她与某位大阪房地产公司的创立者有亲属关系。

她于 1965 年开了一家名为"惠川"的日料店，后来又扩大业务，开了一家麻将店和名为"大黑屋"的日料店。但她的经营方式很随意，据说店铺之所以能够维持全靠大佬的财产支持。

尾上缝的关系网并不仅限于那位大佬，据说她与某位日本代表企业的创立者也有联系。而且税务当局为何不积极着手调查她的资金来源？

兴银的难波分店店长为了获得这位大客户亲自上门拜访。1987 年 3 月，尾上与兴银签订了 10 亿日元的割兴购买合同，同年 5 月，以割兴为担保获得兴银大阪分店的 25 亿日元贷款。

尾上从 1987 年 4 月左右开始涉足股市。她在周日举行一种名为"行"的奇特宗教仪式，如果有人问她某只股的行情，被神灵附身的尾上就会回答"要涨"或是"时机不成熟"等。尾上自己不可能有任何知识背景对投资进行判断，她不过是听从行业人士的建议，抑或通过占卜来进行股票买卖罢了。

后来，虽然由于"黑色星期一"，全球股价暴跌，但日本的股价以惊人的速度快速恢复。兴银大阪分店副分店长本来因为担心尾上这个外行不懂资产运用，所以为其出谋划策，不知从何时起，自己也深陷因泡沫经济带来的高股价与高地价的狂热之中。进入 1989 年，他开始向尾上推荐房地产投资。1990 年又通过兴银让尾上设立了房地产管理公司。此时，股价已经出现崩盘的危险迹象。

1989 年年底，尾上所持金融资产的时价为 6182 亿日元，但 1990 年年底减少至 2650 亿日元，负债金额上升至 7271 亿日元。据说尾上最高负债曾经超过 1 兆日元，每天的利息就超过 1.7 亿日元。尾上金融资产减少的金额几乎与当初虚假存款单的发行金额一致，这实在令人悲叹。

1991 年 8 月 13 日，尾上缝被大阪地方法院逮捕。当天，东洋信用金库宣称职员擅自发行了 13 张金额高达 3240 亿日元的虚假存款单。

如果将日本兴业银行与尾上缝的交易过程和兴银的经营战略的变化综合起来考虑，事件的全貌就能看得一清二楚。

从 20 世纪 80 年代后半期开始，兴银为了扩大在关西地区的房地产以及个人储户的业务，加强了营业的力度。对于在关西地区没有深厚根基的兴银来说，那时的目标就是通过贴现金融债券来吸引富裕阶层的个人顾客。兴银从 1987 年 3 月开始与尾上缝有交易往来，不知不觉中二者达成了异常的 2500 亿日元的割兴交易。对此，业界不以为奇。就算有人觉得奇怪，也没有公开表示。1990 年 4 月，兴银设立了推进私人银行服务的部门，当时该部门还把与尾上缝的交易当作成功范例加以宣传。

1990 年 8 月，兴银行长黑泽洋携夫人去"惠川"日料店拜访尾上缝，此时股价已经从 1989 年年末的高价下降了近 40%。在兴银诱导下，刚刚设立房地产管理公司的尾上，此后不久就因为资金周转问题被迫与东洋信用金库共谋制造虚假存款单。在这样的时期，行长把尾上当作开拓私人客户的样板三番五次登门拜访，与其把酒言欢，作为第一级金融机构的兴银实在太不慎重。

1992 年 6 月，大阪地方法院正式宣告尾上破产。调查表明，尾上从包括"National Lease"等非银行金融机构在内的 12 家金融机构骗取了 3420 亿日元。这是泡沫经济时代最大规模的金融犯罪，负债总额创历史纪录，高达 4300 亿日元，同时也是历史上最大规模的个人破产。

使兴银毙命的男人

这桩史上规模最大的破产闹剧，就是这位奇特的被神灵附身的股市占卜师利用泡沫经济中银行的急功近利而进行的欺诈事件。事情本该就此定案。但泷井繁男，这个从 1992 年起担任尾上破产后的财产管理人，后来又成为最高法院法官的男人，却将故事推翻重写，让日本兴业银行这家公益银行的衰退与堕落被铭记在了日本金融史上。

泷井繁男是一位充满自由精神与正义感，同时又精通大阪商法，对经济领域也十分了解的特立独行的律师。他正是使兴银毙命的男人。

泷井繁男于 1936 年 10 月 31 日出生，1961 年从京都大学法学系毕业接受司法培训，1963 年正式成为律师。历任大阪律师协会会长、日本律师联合会副会长等要职，2002 年就任最高法院法官。通过 2006 年的灰色利息制度 [1] 他救济了多重债务者，后来通过申请返还不当得利的诉讼被称为消费者金融 [2] 杀手。

从 1992 年到 2002 年的十年间，他一直担任尾上缝破产后的财产管理人。他穷尽一生探索如何使贷款利息更为合理，以及作为金融机构应该根据何种原则行动。

泷井繁男所做的贡献以及兴银的衰落在村山治（《朝日新闻》编辑委员）与奥山俊宏（《朝日新闻》记者）的笔下被刻画得栩栩如生，相关报道登载于 2004 年 11 月 26 日发行的《周刊朝日》中。这二人都是代表《朝日新闻》的很有才能的调查记者，在 2016 年"巴拿马文件"的调查中，奥山是日本方面的信息交流窗口。

2002 年 6 月 10 日发行的官报的一个小角落登载了有关尾上缝的消息。全文如下："本破产案件宣告终结。平成十四年（2002 年）5 月 28 日。"这则新闻宣告了长达十年的尾上缝破产案件的结束。在这十年间，人们对尾上缝事件的兴趣已经越来越淡，但这则消息宣告了历史的转折。

尾上缝的负债总额高达 3175 亿日元，其中超过 90% 是损失，已经化为泡沫，但还是向债权人返还了 274 亿日元的债务。之所以能够偿还这笔债务，是因为尾上缝的财产管理人花费了十年时间找出相关证据，在法庭上证明了日本兴业银行的部分违

---

1 灰色利息是指贷款利息超过了旧《利息限制法》规定的利息上限，但又低于《出资法》规定的利息上限，在法律上比较容易规避责任的高额贷款利息。

2 以公司职员、家庭主妇等个人为对象实行的小额贷款，无需担保但利息高。

法行为。尾上缝的财产管理人提起三起民事诉讼以追究兴业银行及其集团企业的责任，这其中两起胜诉。2001年12月，尾上从兴银方面收回170亿日元。尤其值得一提的是，法院明确将兴银认定为加害者，指出："这是非常严重的不道德行为。"

村山与奥山对泷井繁男的采访十分精彩。在报道中，泷井说道："我认为尾上缝本人在某种程度上也算是受害者。从另一个角度来看，不可否认，金融机构与证券公司把她当作了猎物。""一直以来，人们把兴银当作支撑战后日本经济发展的高级金融机构，但这种印象崩塌了。""兴银引诱客户购买割兴以作为获得融资的担保，虽然明知如果出现负利差就会损害客户的利益，但还是长期采用这种方式。在精英汇集的兴银，大家对此见怪不怪，这实在令人起疑。"这是当时最高法院在职的法官对兴银做出的最终评判。法官认为不仅跟融资有关的大阪分店副分店长以及难波分店需要负责，还明确指出兴银这个经营主体也应该承担责任。

采访中记者们还向泷井繁男问道："因由于割兴而遭受的负利差损失起诉兴银有何意义？"他明快地回答说："如果大街上的高利贷者们做了相同的事，恐怕他们将因为违法行为而遭到起诉。但对于大银行的此类行为，事实上很难向他们追责。就日本的司法体系而言，很难将金融机构的融资当作违法行为进行审查。而后来被人们广泛接受的贷方责任论在当时的日本才刚刚开始受到关注。如果你不是财产管理人，就不具备提起诉讼的资格。普通百姓既没有钱也没有精力去打一场官司。从某方面来说，这场官司是一个实验。虽然我们败诉了，但一段时间以后人们对案件可能也会有不同看法。"泷井向兴银提起了三起民事诉讼，这是他唯一输掉的一场官司。

兴银的职员们拿着尾上缝的相关消息来到日经记者部请求核实，这恐怕也反映了他们的迫不得已。作为日本的特殊银行，兴银被特别允许发行金融债券，其中包括发行实行匿名制、享受分离纳税优待的割兴的特权。不管兴银是否是故意的，兴银的行为确实玷污了这项特权。这关乎兴银的存续之本，因为兴银本是具有较高公益性的银行。兴银职员们向记者求证的行为，从本质上来看，也可以算是对大阪分店的同事们进行内部告发的行为。

泷井提出的问题有两种解答方案。一种是在充分考虑顾客属性的前提下销售割兴这种特殊的金融商品，也就是回归规范的销售方式。但是只要贴息金融债券的分离纳税和匿名制的惠利不变，对于购入者来说就无法避免其成为逃税的工具。另一种是兴银舍掉长期信用银行这块特殊招牌，转换为普通银行。当然，这也意味着要割兴放弃特权。

2002年，尾上缝破产案结束，瑞穗银行诞生。日本兴业银行也被纳入瑞穗银行旗下，以新的姿态重新出发。这并非偶然，尾上缝案件的判决过程极大地影响了兴银的经营方针。2007年3月，割兴被彻底废除。

兴银，这个在战前就支撑着日本近代企业的发展，战后更是成为日本"战后体系"旗舰的、广受尊敬的模范企业就这样走完了它充满兴衰荣辱的历程。

对于泷井繁男担任尾上缝的财产管理人，在泡沫经济破灭后的十年间严肃地通过诉讼不断对兴银提出批评的意义，也许是因为我没有负责此案，当时并未完全领会。

而日本的司法界，选择泷井这样的人才担任最高法院法官，甚至让他在大舞台上从司法的角度为日本金融业的改良指引方向，我认为这具有非常重要的意义。

　　泷井担任最高法院法官时做出的革新判决不仅仅只针对消费者金融的灰色利息。

　　2004年，旧日本兴业银行（现瑞穗金融集团）向政府提起诉讼。当年它放弃旧住专的不良债权时，国家不承认可将其计入损失金，反而追征了1476亿日元的法人税。旧日本兴业银行认为这不合法，因此提起诉讼。对此，最高法院推翻了二审判决，改为承认旧兴银的诉求。当时的审判长正是泷井繁男。

　　几乎在同一时期，当面对向兴银追征1500亿日元税款的诉讼案时，这个曾经使兴银毙命的男人却推翻了高等法院判决，转而支持兴银。这是一个不谄媚国家权力的强有力的判决。不，应该说泷井繁男是一位强有力的法官。

　　在处理泡沫经济时代的遗留问题上，正因为当时是一个混乱的时期，对战后体系的潜规则发起挑战的泷井的主张在司法领域得到了承认。

　　发生在尾上缝这个大阪繁华区日料店经营者身上的故事，其发展远远超出了尾上本人的预想，甚至连曾经支撑日本战后体系的兴业银行的命运也被其左右。而引爆事件的泷井繁男也在2015年离开了人世。

2　大藏省在损失补偿问题上的双重标准

1991 年 7 月 29 日，《日本经济新闻》早刊用头版的整个版面登载了一期独家报道，主要报道了到泡沫经济破灭后的 1990 年 3 月底为止，日本四大证券公司对客户进行损失补偿的全貌。标题分别为《日立、松下、丰田等》《四大证券的客户补偿名单》《客户自行申请名单，涉及 187 家法人》《年金福祉事业团 53 亿日元》。标题排版设计得触目惊心，表明当时社会对此非常关注。

当时《读卖新闻》得到了据说是来自国税厅的内部资料，做了有关证券公司补偿客户的独家报道。报道一经登载，仅仅一个月，社会上有关证券公司的补偿责任论与寻找补偿客户企业的骚动越演越烈，国会、财界与政界人士纷纷被卷入其中。在这种情形下，日经证券部的土屋直也记者（现《新闻速递》的主编）撰写的报道为情势变化指明了方向。这篇报道迫使证券公司的监督机构——大藏省同意公开得到补偿的客户名单。

1990 年以后由于股价暴跌，人们对日本经济的发展前景日益感到悲观。个人投资家与中小企业也因为股价暴跌损失惨痛。在此情形下，日立制作所、丰田汽车、松下电器产业、日产汽车、丸红等超一流企业，以及年金福祉事业团等政府组织却能够从证券公司得到补偿，从而将因股价暴跌遭受的损失降至最低。这个事实一经媒体揭露，没有得到丝毫补偿的个人投资家与中小企业怒不可遏。

　　更糟的是，当时大证券公司的几桩丑闻陆续被曝光，社会对证券公司的审视更为严厉。特别是对野村证券而言。泡沫经济破灭前的 1989 年，当时黑社会组织稻川会的石井进会长参与操作东急电铁公司股票的内幕被曝光。而且在由稻川会经办，甚至连所有权都尚未明确的高尔夫球场的会员权问题上，野村证券与日兴证券相继为其投资几十亿日元的事实也大白于天下。

　　1991 年 6 月，在黑社会问题和损失补偿问题上承担责任的野村证券的总裁田渊义久与日兴证券的总裁岩崎琢弥相继宣布辞职。

　　从那时开始，整个证券界对损失补偿问题都非常关心。在同年 6 月 27 日召开的野村证券股东大会上，已经决定辞职的田渊义久在回答股东提问时说道："（补偿）已得到大藏省的批准。"这使得情势雪上加霜。当时担任大藏大臣的桥本龙太郎就此接受记者提问时，曾经愤怒地说："（野村证券向大藏省）转嫁责任。"

　　进入 7 月，国会要求对当时担任野村证券董事长，被称为证券行业大佬的田渊节也进行证人传讯。股市相关人士混乱到了极点。

　　就是在这种情形下，《日本经济新闻》登载了上述独家报道。25 年过去了，损失补偿的内幕仍然是个谜。

大额手续费的折扣与"握手"特金

在《日本经济新闻》有关损失补偿的系列报道中，所谓的损失补偿是指四大证券公司按照大藏省的指示，于1987年10月到1990年3月间向客户支付的损失补偿的总金额。这个数字不过是证券公司自己公布的数字。

因此，如果证券公司不主动公布，有些支出就不会被归入损失补偿金额中，而且某些被叫作"跳过"的案件也没有被包含在内。所谓"跳过"就是到1991年3月为止在没有向上级报告，也没有明确界定证券公司与公司企业的应负责任的情况下，就向第三方转卖股票。比如1997年山一证券破产的原因是金额高达2600亿日元的"跳过"，而这些"跳过"就是山一证券的高层们在1991年3月之前没有向大藏省报告的营业特金。1991年10月以后，"跳过"被明确规定为违法交易。

在这个意义上，由《日本经济新闻》报道的大藏省的调查结果并不能反映当时损失补偿的全貌。从1987年至1989年泡沫经济鼎盛期这段时间中，也有基于客户的请求，证券公司个别进行损失补偿的事例。甚至在1990年以后的股价暴跌过程中，有些交易也没有向大藏省报告。

如同"黑色星期一"部分（第二章第五节）所述，1989年12月，大藏省证券局局长角谷正彦下发通知要求营业合理化。而契机是发生在几个月前的有关大和证券的损失补偿事件的调查。

角谷清醒地认识到，由证券公司自行管理运用的特金，即"营业特金"，事实上是一种被叫作"握手"特金的保证利息的金融商品。如果出现亏损或是不能达到目标利息，证券公司向客户保证会进行损失补偿。但这种保证多为口头承诺，或是证券公司的推销员们在名片背面亲笔写下的保证。

"利息保证"并不只存在于大和证券的营业特金中，几乎所有证券公司都采用了相同手法。而且在信托银行的指定金外信托中，也有很多保证利息的资金。

到1989年年末，特金的余额为43兆日元，其中营业特金的余额为20兆日元，指定金外信托的余额也接近10兆日元。如果股价暴跌，证券公司与信托银行除了应该付给客户的利息以外，还必须补偿客户遭受的损失。如果那样的话，有的证券公司有可能会因此破产。

大藏省证券局对因营业特金引发损失补偿的可能性相当重视，于1989年12月26日下发了证券局长的通知，要求相关部门在1990年1月至3月末的时间内：①废除营业特金，将相关资金移交给投资顾问公司；②在解除合同的情况下禁止补偿损失。

如果该通知得以顺利实行，那么从理论上来说，到1990年3月末，营业特金将彻底消失。

承担风险直抵证券行业病灶的角谷通知是作为官员的角谷的一次果断的处置。如前所述，终究还是回天乏术。新年刚过，日本的股市就迎来了历史性的下跌局面。对于大藏省到1990年3月末取消营业特金、回避损失补偿的意图，证券公司再也无力实现。

一年后，《日本经济新闻》独家获得的损失补偿名单是下发角谷通知以后，大藏省官员们凭借行政权力从四大证券公司搜集来的。这也可以看作大藏省有意默认的损失补偿金额。

1994 年 2 月，角谷正彦对他下发角谷通知时的情形回忆道："发出通知后，根据相关报告，大藏省管辖的证券公司中有六家公司补偿了 1200 亿至 1300 亿日元。现在想来，如果我们要求证券公司将损失补偿的事实写进有价证券报告书，把行政指导的结果公开就好了，但是已经晚了。"经过一年半大藏省都没有公开损失补偿的情况，因此社会上质疑证券公司与大藏省是否密谋隐藏损失补偿的事实。角谷的上述谈话应该是对此的反省。

让我们来重新确认一下《日本经济新闻》所揭露的损失补偿名单。

补偿总额超过 1200 亿日元，获得补偿的公司多达 187 家，其中多数为丰田汽车、日立制作所、松下电器产业等超一流企业。

令人惊讶的是，这些超一流企业都公开表示，它们不认为这笔钱属于补偿款。日立制作所等企业甚至召开记者见面会表示"没有补偿这回事"。这是为什么呢？

人们议论损失补偿的时候，对某些问题并没有进行彻底讨论。比如金融自由化理论的领军人物——大阪大学教授蜡山昌一就曾经指出，损失补偿其实是大额手续费的变相折扣。

1993 年 2 月 26 日，蜡山在接受采访时曾经指出："在没有充分实现自由化的日本市场，损失补偿作为一种大额手续费的变相折扣被实行。对损失补偿的批评多是情绪化的，没有抓住问题的核心。"也就是说，他认为由于按照规定，手续费是固定的，证券公司才将损失补偿作为面向大客户的优惠措施。

蜡山的发言其实是对当时的大藏大臣桥本龙太郎对损失补

偿浅薄理解的批评。田渊义久在野村证券股东大会上的无心之言导致桥本备受责难的时候，大藏省证券局与野村证券之间就损失补偿问题详细地交流了意见。野村证券打算通过主动承认"损失补偿"来为大藏省废除营业特金的政策提供最大协助，而对此桥本完全没有理解。

我并不认为蜡山的自由化主张完全解释了损失补偿问题。但股价暴跌大股东们仍然能够坐收渔翁之利这件事只会成为新闻报道或是引起民众的怨愤，对于解决损失补偿问题毫无用处。1989年12月泡沫经济的巅峰时期，营业特金的总额高达20兆日元，其中大半被认为是股票投资。如果日经平均指数下降到一半以下，那么损失就算高达10兆日元也不奇怪。四大证券公司的损失补偿金额为1200亿日元，不过是10兆日元的0.6%。如果从业界全体的特金金额推算，1200亿日元几乎就是手续费的金额。

正如蜡山教授所言，损失补偿其实是大额手续费的变相折扣，这种说法能够使人接受。但损失补偿名单被媒体曝光后，几乎所有大企业的高层或主管财务的董事都斩钉截铁地否认曾意识到那笔钱是损失补偿款。这大概是因为在日常交易的过程中有名目繁多的手续费，职员并未一一向高层或者董事报告吧。

这说明，大证券公司与大企业之间已经有密不可分的关系，甚至有的事情已经不需要征得高层同意。这同时也意味着，就大企业而言，证券公司在进行巨额股权融资的时候，将发行手续费的折扣部分返还给了该企业。

当然许多损失补偿并不能被当作手续费的变相折扣。比如被称为永田信托的山一证券的投资信托所产生的损失全都来自

"握手"特金。这是一种向客户保证收益高于大额定期存款利率的信托。当时山一证券承诺该信托会补偿损失以此筹集资金扩大营业资产。

阪和兴业得到的损失补偿金额最高，高达124亿日元。丸红、伊藤忠、东棉等贸易公司，以及关联公司、海外公司等共收到60亿到90亿日元不等的补偿。甚至连公立学校共济组合[1]、年金福祉事业团等运用公共年金的组织，以及以京都信用金库为首的各种地方金融机构也全都在损失补偿名单之列。

但是，比损失补偿名单中的这些企业更令人费解的是，那些未被列入名单，却在政治家的施压和官员的斡旋下，接受损失补偿的特例。据说在东急百货店的损失补偿问题上，山一证券在最后关头之所以决定给予补偿是因为得到大藏省证券局干部的"建议"。而在对大型餐饮业的巨额损失补偿与"跳过"问题上，据说当时宫泽喜一内阁的主要阁僚也参与其中。

而且以阪和兴业为首，朝日啤酒、奥林巴斯工业、养乐多、三丽鸥、学研、津村等以理财技巧而声名大噪的企业，在这之后由于关联企业的资产市场价格大幅缩水，暗中与作为交易伙伴的证券公司或者信托银行进行了交涉。

当社会已经不再关心损失补偿，实权经营者们也不再被追究责任的时候，这些损失补偿被计入决算。2011年被 *FACTA* 杂志曝光的奥林巴斯工业的粉饰决算，如果要究其根源，是因为1990年股价暴跌的损失被人为地推后了。

1　包含公立学校职员、地方教育机构职员等在内的类似工会的组织。

在《日本经济新闻》独家揭露的损失补偿名单中，并没有记入上述损失与补偿。这一类损失不是通过暗箱操作处理，就是通过规避行政监督，用违法手段拖延解决。特别是利用外国银行将资金转向海外，转来转去，最终不知所踪。

"指定金外信托不予补偿"的双重标准

怎样才能获得损失补偿？方法十分明确。1985年10月，银行开始实行大额定期存款利息自由化。当初对大额定期存款的定义为10亿日元以上，到了1986年4月额度降为5亿日元，同年9月降为3亿日元，到1987年4月再降为1亿日元。额度在不断下降。1989年10月甚至降为1000万日元。大额定期存款利息自由化的计划此时全部完成。

在大额定期存款利息自由化实行前一个月，美日英法德五国间达成了《广场协议》。并且日本证券公司的海外业务也十分活跃，优秀企业通过时价发行增资与海外附认股权证公司债券，以低利息获得融资。如果像银行积极推荐的那样，将这笔融资存为大额定期的话，就可以自动获利。

如果坐视不管，企业好不容易获得的融资就会被银行一卷而空。都市银行当时面向企业的利率为6%，证券公司允诺如果以特金的名义缔结合同，那么付给客户的利息要比银行高出1至2个百分点。

当初这部分资金被委托给投资顾问公司来运用，需要支付报酬，导致成本增加。最后证券公司干脆将之变成可以直接运用的营业特金。所谓营业特金，简单来说就是公司或者投资机构与证券公司缔结的"大额存款"契约。

为了对抗都市银行的大额定期存款，信托银行采用指定金外信托筹集资金，向客户保证支付高于大额定期存款利息几个百分点的利息。其实质等同于营业特金。

1986年至1988年，营业特金与指定金外信托异常地急速增长，背景就是上述金融机构为了获得资金进行的激烈竞争。而对于资金运用，它们并不关心。

在缔结契约时，证券公司与信托银行都采用了口头承诺的方式。若要表现得再负责一点，职员就在自己的名片上写上利息，再盖个章。个别特殊的情况则请总裁出马，在合同上盖个章。这些都是曾发生在山一证券与阪和兴业的事例。但被列入损失补偿名单的大企业在缔结此类合同时，合同上是否有损失补偿条款则不得而知。对日本企业来说，不依靠合同而是以互相的信赖履行约定才是最理想的关系。

在有关理财技巧的部分（第二章第六节）已稍稍提及，1991年围绕指定金外信托的损失，三菱商事与三菱信托银行之间在合同履行问题上出现了矛盾。在三菱集团内部有可能诉诸法律的时期，大藏省银行局局长土田正显在国会发言说："没必要对指定金外信托予以补偿。"这是非常强势的发言，暗示三菱集团如果不听话，获得若干特权的三菱信托银行将有可能被采取强制措施。据说，三菱集团内部的元老们组成"金曜会"针对争议进行了调整，将问题摆平了。

这就是20世纪80年代后半期金融自由化的现实。企业以及投资机构的财务人员并没有自己承担风险进行投资，而是全部委托给证券公司与信托银行。不论是证券公司的营业特金还是信托银行的指定金外信托，项目中并没有出类拔萃的投资专家，就算偶尔有一两个，在股价与地价不断高涨的狂潮中，他们也很难将自己的投资方针贯彻始终。他们也不会知道经过 1988 年至 1989 年这段狂热之后，牛市就中止了。

大藏省证券局局长角谷正彦 1989 年 12 月发出的通知就像是大藏省自己的宣言，宣告着"泡沫股市已经快要破灭了"。同时它又像一个祈祷，祈祷着"请再给我三个月到半年的时间"。我认为在泡沫经济这段历史中，这则通知是大藏省少数的几项"善政"之一。

到 1990 年 3 月末支付的损失补偿金额在 1991 年被《日本经济新闻》独家曝光。损失补偿其实是将交易手续费中过度征收的部分返还给客户的款项，是证券行业应该返还给投资者的支出。如果日本顺利实现金融自由化，这笔支出本来不会发生。

此事一经曝光，对于山一证券这种有违法嫌疑的证券公司，本来应该单独处理，因为 2000 亿日元以上的"跳过"是犯罪。而对此坐视不管的大藏省证券局，可以说已经不配称为证券公司的监督机构。大藏省对山一证券"跳过"的实情一无所知，这是绝对不允许发生的。

损失补偿问题源于金融自由化的变形与时间滞后，是日本金融体系的问题，是银行、证券公司与企业等日本民间机构在财务上的共通问题，也是大藏省在金融行政管理上的问题。

大藏省把营业特金问题推给证券局，将之归咎于居心不良的证券公司所做的"利息保证";同时又把指定金外信托问题推给银行局,指责它"没有保证利息"。本质上完全一样的损失补偿问题按照证券局与银行局不同的标准和价值观进行了处理。

但它们都做了"利息保证",这就是所谓理财技巧的实情。将资产转来转去,为年金这种国民资产出现账外损失而伤脑筋,甚至在进行利益调整的信托银行也时有发生。

由于土田银行局局长"没必要对指定金外信托予以补偿"的发言,1991年国会的追责也就此作罢,对信托银行的调查停了下来。土田被评价为防患未然、避免了信托银行危机的名局长,这样的评价在财务省内至今仍在流传。土田于2000年5月就任东证理事长,这是历代只有势力超级庞大的次官才能担任的职务。第二年11月,东证实现民营化,土田成为第一代总裁。

1991年6月27日,野村证券总裁田渊义久在股东大会上所说的"(补偿)已得到大藏省的批准"的无心之言激怒了当时的大藏大臣桥本龙太郎。这被当作田渊的失言,再没有被提上台面。我也没有听到野村证券或者证券局的干部对此提出异议。

泡沫经济的时代同时也是金融自由化的时代。在泡沫经济时代,证券行业的手续费制度必须改革。虽然这个问题多次被提上议程,但无论是证券行业还是大藏省在实行上都犹豫不前。于是只好在现存框架中钻些空子,利用地价与股价高涨对账外收益进行再分配。在信托银行业也存在相同的情形。一旦地价与股价暴跌,矛盾就会骤然浮出水面。

金融自由化的大前提是,必须有制度保证对所有的市场参与者来说机会平等、情报公开。但制度还没有最终完成时,泡沫经济就破灭了。对于政府未能维持结果的公平，日本国民的愤怒爆发了。也可以说，这场混乱的根源正是损失补偿问题。

在这个问题的处理上，大藏省回避自身的责任，将营业特金问题推给证券公司，对信托银行的指定金外信托问题以及损失补偿问题遮遮掩掩。

不了解泡沫经济的内情，当权者如同《皇帝的新衣》中那位皇帝一样不幸，这是大藏省的政策失误。其后在银行的土地问题上，大藏省的应对失误也与此相关。大藏省的政策失误是造成银行的经营危机,使日本陷入长期通货紧缩的所谓"失去的20年"的主要原因。

3 昙花一现的国家资金救济

我当然知道世上没有后悔药，但还是想着："如果当时那样做就好了。"

1992 年 6 月，承认自卫队海外派遣的《联合国维和行动（PKO）协力法》通过，国会顺利闭幕。在其后的参议院选举中获得胜利的宫泽喜一首相，在轻井泽度过了他的暑假。8 月 11 日，日本股价跌破被称为危机线的 1.5 万日元，经过一个星期，股价也没有任何反弹迹象，依旧在危机线附近徘徊。宫泽首相得到相关报告后，产生了强烈的危机感。他认为如果第二天股价再出现暴跌，不采取对策的话就会引发大问题。1989 年 12 月末，股价达到泡沫经济的最高值，九个月后瞬间暴跌到 2 万日元以下，其后呈小幅下降趋势。到了 1992 年 8 月，股价终于迫近危险区域。日经平均指数 1.5 万日元，意味着银行的股票账外收益已经全部化为泡沫。

宫泽政权成立后，宫泽喜一与日银总裁三重野康保持着紧密的联系，甚至设立了专门的热线。宫泽将自己长期以来的想法全都告诉了三重野。两人之间已经有了某种默契，如果股价下跌至危险区域，那么将停止以东证为首的全国交易所的交易，把国家资金投入救济也在所不惜。

　　宫泽确信，这次危机不仅是股市的危机，还是日本金融市场全体的危机。这也是"土地神话"和"银行不倒神话"的危机。比起股价下跌的时间，地价下跌的时间推迟了一年半。这种延迟使官员和银行家们产生了一种奇特的安心感。许多大藏省官员与银行经营者们认为"股票与土地不同"。

　　但三重野与这些平庸的官员和银行家不同，他对时局抱有深深的危机感。不过三重野的立场充满了微妙的矛盾。在澄田智任日银总裁的时代，金融缓和政策导致了泡沫经济，尤其加速了地价的高涨。当时三重野作为日银副总裁，为这令人痛恨的过错也颇感自责。虽然这与全球化浪潮下的国际政治息息相关，但作为日本国内金融政策的掌舵者日本银行，防止通货膨胀本来应该是最大的职责。他对于在泡沫经济时代出现的有关资产通货膨胀的错误认识与对策进行了反省。

　　1989 年 12 月，三重野就任日银总裁后采取了可怕的金融政策。在三重野作为下一任总裁实际上已经掌控了日银的金融政策的 1989 年 5 月之后，法定利率从 2.5% 升至 3.25%，10 月升至 3.75%，12 月再度升至 4.25%，到了 1990 年 3 月升至 5.25%，8 月升至 6%，短短一年多的时间五次提升，最终升至 6%。人们将三重野称为"鬼平"¹，纷纷称赞他为百姓着想。同时，对地价高涨保持高度警惕的大藏省在大藏大臣桥本龙太郎的率领下于1990年3月27日颁布了《房地产融资总量规制》。

大藏省公布的这项总量规制可算作一种行政指导，企图将房地产业的融资增长率控制在融资总额的增长率以下。这类规制仅在1973年田中内阁的列岛改造论达到顶峰时实施过一次。这项总量规制意味着对建筑、房地产、非银行金融机构实行强制性的融资规制，是一种否定"自由主义市场经济"的政策。

对土地进行规制是一剂猛药，大藏省一醒悟过来，立即在1991年12月解除了《房地产融资总量规制》，但已经无法扭转萧条的市场走向。1992年以后地价的低迷全都拜日银的利率政策所赐，这对于日本的国民来说，是一个简单明了的结论。于是，媒体对三重野的评价也从"鬼平"变成"平成年代三恶人"。所谓"平成年代三恶人"指宫泽首相、桥本藏相与三重野日银总裁，只有三重野是公认的恶人。

三重野自己的立场与觉悟非常明确。由于泡沫经济，一路高涨的地价已经高到不合常理，如果股价走低，将会引起地价暴跌，导致信用体系危机。这是令人头疼的两难困境。

此时"体系危机"这个词开始在金融业相关人士之间广泛流传。以1987年发生在美国的"黑色星期一"为契机，人们开始对1929年的美国"大萧条"进行反省。中央银行作为"最后

1　池波正太郎所著历史小说《鬼平犯科帐》中的主人公长谷川平藏人称"鬼平"。小说描述了身为江户时代政府官员的鬼平为了维护社会安定，与盗贼等恶势力斗智斗勇的系列故事。

的贷款人"的功能备受关注。中央银行不仅要防止通货膨胀，还要维持信用秩序。

宫泽首相的构想是，由国家投资设立一个购买土地的机构。这虽然不能完全解决三重野的两难问题，但多少也能起到一点作用。正因如此，三重野与宫泽之间才可能达成某种默契。

8月17日下午，宫泽打电话给三重野："三重野老弟，形势变得危险了。"三重野回答道："首相，日银准备了所有对付困境的手段。"三重野也正在为金融体系危机烦恼不已，他向宫泽表明如果必要，即使运用日银特融[1]也在所不惜。宫泽回复："如果明天股价（日经平均指数）跌破1.4万日元，那么就展开行动。"随后挂断了电话。

此时距离泡沫经济破灭仅仅两年半，身居国家权力最高位的总理与被视为金融政策守护神的日本银行总裁抱着共同的认识与觉悟，共同决心采取彻底的对策。这件事应该被载入史册。

大藏省与银行首脑的抵抗

当天晚上9点以后，秘书官中岛义雄进入宫泽的别墅。三年后，中岛在任职主计局次长时，因为过度接待问题被迫辞任。此时，他作为秘书官仍然深得宫泽的信任，被视为智囊。

对于宫泽打算投入国家资金的想法，中岛完全没有领会，

1　出于政府的要求，为了维持金融体系的信用，日本银行对资金周转困难的金融机构提供无担保、无上限的特别融资。也被称为日本银行的最后贷款人功能。

也没有打算采取行动。中岛的行动体现了大藏省官员对利害得失的选择。对于"紧急关闭东证"和"投入国家资金",中岛都表示反对。对于宫泽返回东京召开记者见面会,他也企图阻拦,并且把写着"金融行政当前的运营方针"的纸条递给了宫泽。

当时,日经的记者吉次弘志(现东京电视台经营企划局局长)在《验证泡沫经济故意的错误》一文中写道:"大藏省准备的几张'纸'阻止了宫泽描绘的金融稳定化的蓝图。"

这个"当前的运营方针"虽然对成立"购买土地的机构"以购买金融机构担保的房地产进行了讨论,但并未考虑投入国家资金。这在本质上是一种将问题束之高阁的股价对策,也正是大藏省的意图所在。面对中岛竭尽全力的阻止,宫泽也开始摇摆起来。

第二天,宫泽发表了政府"当前的运营方针"。因为这些努力,股价终于没有跌破1.4万日元。8月28日政府发表综合经济对策之后,股价上升到1.8万日元左右。

即便如此,宫泽仍然深信投入国家资金是必要的。这也是因为宫泽认为泡沫经济已经崩坏到了触目惊心的程度。

8月30日,自民党在轻井泽召开研讨会,宫泽在会上表明,确保金融机构目前所持的作为融资担保的房地产的流动是最重要的对策。他指出:"如果有必要,将毫不犹豫投入国家资金进行救济。"这是一国的首相在公众场合提及投入国家资金的必要性的历史瞬间。

在当时的讲话中,宫泽没有明确指出这笔国家资金应该从哪里支出,是从日银特融吗?或是从财政的投资与融资?还是从国家预算？因此也有许多声音质疑宫泽是否有足够知识和觉悟展开这项救济政策。但这明显是错误的。宫泽不过是不想束缚大藏省之类的政策推进方的手脚。同时他还期望通过某种方式向国民传达投入国家资金的必要性。这是宫泽作为政治家和日本首相的颜面所在。

20年过去了，宫泽的想法变得清晰了。曾经担任住友银行的行长和董事长、自称"与不良债权为伴的男人"西川善文在自己的回忆录《最后的银行家》中记录了前行长巽外夫的一段话。

"实际上，1992年8月，我受宫泽喜一首相的邀请去到他在轻井泽的别墅。一到那里才发现，三菱、第一劝业银行等大银行的行长全都在。我以为这是为了处理不良债权要向金融机构投入国家资金，但其实是私下的秘密商讨……所有的行长都表示反对。当时财界也持否定意见。现在回想起来，如果那时就决定下来的话，（围绕不良债权的处理）也不会闹得如此沸沸扬扬。"

对于当时包括自己在内的所有大银行行长对首相的意见表示反对这件事，巽对西川表示了自责。这是巽就任行长之后与西川的谈话，所以应该是1993年夏天的事情。

西川在书中写道："在轻井泽召开的自民党夏季研讨会上，宫泽首相用'国家援助'一词简单提及向银行投入国家资金的问题，此前他已经召集银行行长进行秘密会谈的事情对媒体完全保密，我对此也一无所知。"接着他又写道："虽然没有听说（银行行长）为何表示反对，恐怕他们也是害怕如果国家资金投入银行，会对银行行长进行追责吧。"据说有人认为，恐怕8月17日，首相与银行行长们的会谈地点不是在宫泽的别墅，而是在别的地方。

当时正为处理泡沫经济的残留问题艰苦奋战的西川叹息说："如果那时就真的做出决定的话，现在也用不着每天都这样操劳了。"这时距离 1992 年的夏天仅仅一年。

就在宫泽的轻井泽发言后不久，大藏省于 1992 年 9 月末公布将投入 12.3 兆日元来解决 21 家大银行的不良债权问题。这真是一个微不足道的数字，小得让人怀疑听错了。

当时，野村综合研究所的总裁水口弘一提出了应对紧急事态的策略，该策略在高尾义一的指导下完成。高尾是一位投资战略家，在泡沫经济时代就准确预测了泡沫经济的破灭。他们推算不良债权金额高达 40 兆至 50 兆日元。这与大藏省公布的数字大相径庭。在野村综合研究所的建议报告中指出，20 世纪 70 年代的英国与此时的日本颇为相似。那时英国投入 GDP 的 2% 进行了所谓"救生艇行动"，很有成效。因此日本也应该尽快投入 10 兆日元的国家资金。

宫泽很好地理解了这份策略报告的内容。他还阅读了当年 5 月英国《金融时报》关于海外日本银行的不良债权已经达到巨额的报道。宫泽凭直觉感到，比起大藏省的报告，民间的报告或者海外媒体的报道更可靠。宫泽的判断相当准确。

宫泽在轻井泽的讲话中提及的国家资金投入论其实是一种虎头蛇尾的论调。9 月 2 日，日本经济团体联合会会长永野健在记者见面会上的发言快刀斩乱麻："如果要请国家支援，那么银行如果不认真地将工资等相关经营信息公之于众的话，将无法得到社会的认同。"

日本经济团体联合会为了应对春季斗争[1]，每年 6 月都会调查各行业的平均工资并整理成《定期工资调查报告》。一直以来，大多数银行都对员工工资予以保密。就连日本经济团体联合会副会长宫崎邦次所属的第一劝业银行也没有将职员的工资公开。宫崎因为总会屋事件遭到逮捕，在被捕前的 1997 年，宫崎自杀。

永野的后辈，同属于三菱集团的三菱银行行长若井恒雄，兼任全国银行协会（简称"全银协"）的会长，也是反对公开职员工资的急先锋。

据说当时金融界的工资比制造业高出许多，而且由于金融业属于大藏省监管下的限制行业，因此工资保密这种不符合常识的行动原则在行业内部渗透。永野因此指责道："银行家们的自尊心好像都很强。但如今的状况并不允许这种面子存在。如果要得到国家的援助，那么银行必须将自己的经营状况明明白白地向社会公开。"

永野率直的发言赢得了舆论的赞同。不幸的是，虽然永野的批评是对无视规定的银行业提出的，大家却理解成他反对宫泽喜一主张的国家资金投入论。

永野在接受《日经商贸》的总编关山丰成的采访时这样构想："所有的问题都源于土地。但目前的状况是，如果否定了日本的'土地神话'，那么银行业也会被颠覆。所以不能期望采用粗暴的方法使以土地为基础的信用秩序崩坏。必须让收购有担保房地产的机构迅速行动起来，将其收购价格作为一个指标，使其在今后

1　1955 年以来，日本工会每年春天进行的以提高工资为中心的全国性斗争。

20 年保持稳定。"

他还说："本来必须使地价降至现在的一半左右，为了不破坏信用体系，首先应该维持地价，即使这个价格可能是合理价格的几倍。"他继续指出："如果只是收购，那么银行努把力也能够做到，但使价格在今后 20 年保持稳定所必须的利息等成本，则是银行无法单独解决的问题。因此有必要利用国家资金。"

宫泽喜一、三重野康以及永野健在土地问题上的认识，以及对投入国家资金的想法在本质上并没有太大不同。他们都意识到，泡沫经济破灭的要因并不仅仅在于股价问题，还有土地问题，以及长期以来由于管理松弛而导致的银行经营问题。

宫泽、三重野以及永野的高见本来是一体的，面向对象应该是大藏省与银行业，但这些意见并没有充分发挥作用。大藏省危机意识的欠缺，以及银行经营者的自保心态将宫泽的构想撕得粉碎。

2006 年，宫泽在《日本经济新闻》的连载专栏《我的履历书》中，对当时的状况回忆道：

"在 8 月 30 日的演讲中，因为担忧这场危机根深蒂固，关于设立机构收购有担保房地产的构想，我表示如果有必要，把国家资金投入救济也在所不惜。但包括媒体在内，没有谁赞成我的意见。大藏省的态度是：'如果您发言不当会给我们带来麻烦。'银行的行长们则心想：'开什么玩笑，我们目前的经营状况还没恶劣到如此地步。'经济界也反问：'凭什么给银行拨款？'日本经济团体联合会的平岩外四会长则冷冰冰地说：'那样的事情我连想都不愿想。'"

宫泽一向文质彬彬，这番话的激愤之情溢于言表。

他说道："如果再忍一忍，股价和地价就会上涨的乐观论盛行，结果延迟了对不良债权的处理。"宫泽的话语蕴含了对当时的官员、银行与经济界的强烈愤懑。

现在回想起来，1992年8月可算是泡沫经济破灭后日本复活的最后机会，但那时并没有投入国家资金进行援助。对此，有人认为是宫泽喜一作为首相的执行力不足，这种声音至今仍然存在。甚至有人说："宫泽是评论家，只说不做。"

宫泽喜一与三重野康，他们一位是首相，一位是日本银行总裁，二人即使步调一致也未能实现的政策背后到底有怎样的内幕呢？这内幕便在于银行与官员的阻碍。简而言之，就是政官民这个铁三角关系的恶果。

第二年，细川护熙政权成立，"55年体制"宣告终结。宫泽喜一被称为"55年体制"的德川庆喜[1]。

所谓"失去的10年"或者"失去的20年"从此开始。地价暴跌，跌幅远远超过"聪明人"的预期，给银行带去了直接的冲击。

1　德川庆喜（1837—1913），日本江户幕府（德川幕府）第15代将军，也是日本幕府时代的最后一位将军。

结　语

"日元升值意味着日元的价值提高，这是好事吗？"在日本国内开始充满日元升值危机论的时候，据说昭和天皇曾经向负责皇室相关事务的经济学家提出这样的问题。对日本来说，这是关于本质的提问。

天皇的问题换个说法就是，不管日元如何升值也能渡过危机，要成为这样的国家，日本难道不应该对国家的经济结构与制度进行改革吗？

对于这个问题，日本的领导者们并没有认真采取对策。如果有这样的人，那也早被阻止了。这耽误了日本进行结构改革，也在 20 世纪 80 年代后半期催生了股票与土地的泡沫。

1989 年 1 月 7 日，昭和天皇驾崩，日本从昭和时代走向平成时代。这时正是泡沫经济破灭的前一年。历经了太平洋战争、战后日本的高速发展以及泡沫经济时代的昭和天皇提出了象征时代转折的问题。

同年 11 月 9 日至 10 日，柏林墙被拆除。这堵 1961 年修建的墙壁的坍塌也象征着冷战的结束。随着 1985 年苏联戈尔巴乔夫总书记实施改革与信息公开，"二战"后的世界体制发生变化，共产主义、社会主义不断从内部瓦解。柏林墙的坍塌与 1991 年苏联解体就是这种内部瓦解的象征。

1990 年 8 月 2 日，以伊拉克入侵科威特为导火线，海湾战争于 1991 年 1 月爆发。

1993 年 8 月，细川护熙政权取代了宫泽政权，1955 年以来自民党一系支配的时代宣告终结。

在日本历史，甚至世界历史处于激荡之时，日本的泡沫经济也迎来了它破灭的终场。

20 世纪 80 年代日本泡沫经济的扩张与破灭到底意味着什么？

日本在从战后复兴到高速发展，也就是在追赶美国的过程中，通过自身固有的资本主义模式，即涩泽资本主义克服了重重困难。但在 20 世纪 70 年代前半期，日本在面对比如尼克松冲击、转向浮动汇率制、石油危机等世界性经济动荡的同时，不得不直面第二次危机，这也是变革期必经的阵痛。但日本迟迟不构建新的制度框架或是进行制度改革，经受了被称为"第二次战败"的重大打击。

如同当时的流行语"投机取巧"所示，日本只积极引入金融自由化、雇佣制度等容易赢得大众欢心的制度，对于调整会计制度、改革官员制度等容易招致冲突的问题却退避三舍。结果本应该解决的问题堆积成山，越发棘手。

以土地的有担保制为前提的银行与公司的关系就是一个典型事例。企业的土地本来只是账外的时价资产，却被用于其他目的，甚至一再被滥用。而且日本特有的由公司持股，将银行与证券公司也卷入其中的交叉持股方式为股价异常高涨提供了条件。土地与股票的账外收益表面上维持了日本经济体系的稳定，却阻碍了日本实施变革以获得本来能够在国际竞争中赢取收益的能力。

从 1985 年的《广场协议》到 1987 年的《卢浮宫协议》，进而到"黑色星期一"的股价暴跌的过程中，昭和天皇的疑问被直接推到日本的公司、银行，特别是官员们的面前。但日本的领导者并没有选择进行变革来建构可以应对日元升值的经济体系，反而各自选择了不同的道路，比如日银的低利率政策、政府的外汇介入政策，以及民间企业与银行靠理财技巧扩大收益。于是诱导股价异常高涨的政策被引入，地价也加速上涨。

这个赊账的过程就是从泡沫经济破灭直到现在仍然持续的通货紧缩的过程，即所谓的"失去的 20 年"。"安倍经济学"其实就是为了弥补 20 世纪 80 年代泡沫经济时代的政策失败而制定的经济政策。

从 1987 年的"黑色星期一"到泡沫经济时代的终结，各个部门明显的失败教训不胜枚举，比如：应该提高利率却没有行动的日银的罪责、诱导投资机构购买股票的大藏省的罪责、一心投入房地产融资的银行的罪责、把特金与指定金外信托当作零风险理财技巧的公司的罪责，以及不按照公司的收益而是按照公司的账外资产来评定公司价值的证券公司的罪责。

到目前为止，关于泡沫时代众说纷纭，且有许多反省的声音。但很少有人谈论，在泡沫时代的旋涡中，谁做了什么，哪个组织有哪些行动？谁在进行何种挑战，为什么失败，又因为什么被否定？在泡沫时代巨大的浪潮下，正是在这些被打败的或被否定的人的行动中，隐藏着变革的正确方向。

在本书所列举的事实中，我可以骄傲地说，有的即使经过 30 年也仍然具有新闻价值，因为它们是"当时没法报道的事实""当时被忽视的事实"抑或是"到现在才弄清内幕的事实"。

我假定 1987 年 1 月成田芳穗副总裁自杀时，山一证券的破产已经无法避免。当时假如东京地检特搜部继续对三菱重工的可转换公司债券事件进行调查，或者山一证券的经营管理层进行体制改革，不再依靠具有高违法性的营业特金盈利，或是包括我在内的媒体能够更加认真地报道，那么之后山一证券的历史、日本的泡沫经济史也会出现不一样的结局吧。当然，里库路特事件也将呈现不一样的面目。

"摩根银行与野村证券将共同设立信托公司"，1983 年《日本经济新闻》报道的这条消息如果得以实现，日本的信托行政与银行行政也会因此迎来巨大的转机吧。也许从 20 世纪 80 年代后半期开始，信托银行开发的特金与指定金外信托等理财技巧商品的意义与使用也会变得不一样吧。但大藏省与银行业彻底无视了世界一流的金融集团摩根银行与野村证券的尝试。

在第四章中也略有提及，泡沫经济破灭后的 1991 年，特金与指定金外信托问题被当成损失补偿问题的元凶在国会上得到讨论。银行局局长通过公开声称"对指定金外信托不予补偿"摆脱了困境，而证券公司的营业特金问题被当作诸恶的根源备受指责。当时的判断，与 1990 年颁布的《房地产融资总量规制》一起，成为大藏省的两大失败政策。对于这一点，财务省（原大藏省）现在也暗暗地承认了。这样的判断与大藏省和野村证券在信托银行问题上的悔恨有关系吗？这个问题现在仍然是泡沫经济史留下的一个谜。

还有小谷光浩所说的"住友是我心灵的寄托"这句话。小谷因为恐吓、操纵股价而被捕入狱，将罪犯小谷的谈话写在文章中，我知道有人会感觉不快。但正是这句话直截了当地表现了在泡沫经济时代，银行与房地产融资的关系。再没有别的发言能够将这种关系表现得如此贴切。

20 世纪 70 年代末，住友银行聘用麦肯锡作为经营顾问，对经营组织进行彻底改革，使审查与营业一体化，而且将重心放在房地产事业上。在住友银行的这种营业方式的影响下，所有银行或多或少都引入了住友银行的方式。这是 20 世纪 80 年代后半期银行的营业状态。如果住友银行的营业方式没有在整个银行业渗透，那么不仅小谷光浩，秀和的小林茂与 EIE 的高桥治则，还有麻布建物的渡边喜太郎，都无法成为泡沫时代的宠儿。因为泡沫经济与银行和非银行金融机构的融资共生共存。

如果你问我全书在结构上是否保持了平衡，我想我没有自信给你一个肯定答复。从 1973 年起的 20 年间，我一直是一个负责跑金融证券新闻的记者，后来在《日经商贸》以及《日经 MJ》当主编，坚持从活生生的经济现场出发考虑问题。

如果你问我是选择直接金融还是间接金融，那么我会站在证券公司一方为直接金融的发展呐喊助威。特别是，我对秀和的小林茂、麻布建物的渡边喜太郎、光进的小谷光浩等日本经济社会的特立独行者，再直白一点，就是这些被蔑称为暴发户的人抱有某种亲近感。我至今认为，对于他们来说，在泡沫时代想要出人头地没有别的办法。如果要找问题的根源，难道不应该归责于为他们的野心与欲望无原则持续提供融资的银行与非银行金融机构吗？难道不应该归责于对这样的制度疏于管理的行政吗？

在资本主义的企业家精神中，始终存在一种向上的志向，同时也暗藏着某种胡作非为的冲动。金融机构与官员的职责难道不是对此进行检查，设定合法行为的界限吗？

距离 1986 年泡沫经济发生，已经过去了 30 年。日本度过了"失去的 20 年"，目前正在面临通货紧缩这种似乎与当年完全相反的情况。但不知为何总使人感觉恍若当年。

在摆脱通货紧缩的口号下，不适度的金融政策陆续出台，人们妄想可以依赖这些政策管控股市，而且突然涌现出一股怀念田中角荣的风潮。

1996 年 2 月 12 日，司马辽太郎在《产经新闻》的《风尘抄》专栏登载了也可以被看作遗言的文章，不久后去世。当时，对于持有大量不良债权的住专是否应该投入国家资金的问题，日本民众议论纷纷。当然有许多反对的声音。司马辽太郎将此作为自己人生最后的专栏的主题进行了论述，他写道："资本主义的大原则就是要生产，为了扩大再生产而售卖赢利……为此资本主义必须要保持筋骨强健，否则要么灭亡，要么变成打肿脸充胖子。"

这段话不仅讲明了资本主义的原则，而且表现了对日本人将土地当作投机对象的愤怒。他叹息无人对此发出警告，然后在文章结尾如是说："住专发生了问题。这使得日本陷入仿佛末日来临的状态，对此当然至少要动用国家资金寻求摆脱困境。只有通过这样的痛楚才能使每个国民感受到无意义地折腾土地是多么恶劣的行为。若非如此，日本真的将面临末日。"

日本国民历史作家司马辽太郎不常说人坏话，唯一的例外是田中角荣。自从田中发表了《日本列岛改造论》以后，他把将土地变成商品的田中角荣视为一生的敌人。

20 年过去，"银行不倒神话"与"土地神话"都已成为泡影。作为金融缓冲地带的土地与银行也失去了效力，一旦有不测，危险将直接波及作为中央银行的日本银行、年金积立金管理运用独立行政法人（GPIF），以及日本邮政等运用国民资产的投资机构。日本银行作为最后的堡垒虽然表面风光，但如果管控失败，不但会直接影响国民生活，甚至可能导致国家破产。

过去宫泽喜一与三重野康极力促成投入国家资金救济银行，而安倍首相、日银的黑田总裁能够像他们一样发挥敏锐的洞察力和强烈的责任感带领人民走出困境吗？难道只有我认为他们缺乏自省吗？

泡沫经济时代不会一成不变地再次光临。我们必须真诚地直面我们生存的时代。因此我认为，现在有必要对日本泡沫经济的历史进行反省。

后 记

"永野先生在 1987 年至 1992 年这五年间是一个好记者。"如果没有后辈记者"胆大包天"的评论，我恐怕写不出这本书来。记者是一种凭着少年般的纯粹和热情四方奔走的动物。我还记得当时回嘴说："那么你在何时当过好记者呢？"

实际上，这位后辈的评价充满了他的深情。

1987 年是 NTT 股票上市和发生"黑色星期一"的年份，1992 年是股市与土地的泡沫破灭明确被认定的年份。这期间，1989 年 12 月 29 日，在当年的年末股市交易日，日经平均指数达到了最高值。回首前路，这一天对日本战后体系来说，真可算是"战败纪念日"。

在日本战后的经济史中，甚至在世界史中，在第二次世界大战后这个最重要的转折点上，还有人把我这个当时迷失在日本泡沫经济最前线的人当作好记者。

对我来说，这个时期是黄金时期。1982 年，我因为重度扩张型心肌病倒下，好不容易才勉强得以继续新闻记者生涯。当时给予我鼓励支持的是日经，特别是证券部的同事们。当然与我同时进入新闻社，如今在经济信息杂志 *FACTA* 作为报道记者仍旧奋战在第一线的阿部重夫先生也一直在我的左右。

泡沫经济破灭至今已有 25 年，市场上出版了许多对其进行反省与查证的书籍。在我看来，许多都论述得不够。因为它们要么论述银行的救济策略，要么关注金融政策的成败，要么以事后诸葛亮或外行的观点来看问题，属于隔靴搔痒。

我曾经迷失在泡沫经济最前线。以我的立场来看，泡沫经济就是血气方刚的野心家们一夜暴富的成功故事；也是支撑这些野心家们的金融机构为了虚虚实实的利益丧失原则的沉浮历史；同时也是对本来应该进行革新的制度置若罔闻，却将目光投在如何牟取利益与出人头地上的官员与白领们投机取巧的连环大戏。最后，泡沫经济成为席卷全日本国民的狂热闹剧。

讲出这个时代的气氛与主角们的故事不是我的职责吗？这种意识越来越强烈。但我深知，这项工作需要付出巨大的努力。

2012 年诞生的安倍晋三第二次内阁一边采取了空前的金融缓和政策，一边又引入被称为"安倍经济学"的经济政策以摆脱通货紧缩。这其实就是故意制造"泡沫经济"的政策。虽然有一定的必要，但也是非常危险的政策。我认为一旦管控失误，这项政策甚至会使日本走向灭亡。

为了吸取过往的教训，我开始回忆自己的记者生涯，同时也对泡沫经济时代写下的文稿进行了整理。当我为这本以泡沫经济为主题的书艰苦奋斗时，有人向我提出了质疑："明明还没有摆脱通货紧缩，为何现在来谈泡沫经济，而且还是 30 年前的陈年往事？"但是，通货紧缩中也隐藏着泡沫经济的种子。

通过这本书我想传达的是，当赌场资本主义通过全球化向世界各地扩展时，今天的日本以及世界各国在政策制定上，应该要吸取 20 世纪 80 年代日本泡沫经济时代的教训。特别是随着时间流逝，知晓当年详情的人在不断减少。在我书写的过程中，恐怕就有许多当事者离开人世。必须要请知情者告诉我们当年的真相。

本书得以出版，需要感谢许多人。虽然有些不合时宜，但我首先想对我的父亲表示感谢。从泡沫经济时代的后期到最终破灭的那段时间，我的父亲永野健正好担任三菱材料的董事长，同时也作为日本经济团体联合会会长领导着日本财界。

在我的人生中仅有一次主动与父亲商量关于我工作的事情。那是 1992 年年初的事。

1991 年，大阪地检特搜部在伊藤万事件的开篇陈词中写道："《日本经济新闻》的记者泄露内部消息，收受了 1000 万日元的好处。"这对日经来说，恐怕是战后最大的危机。一旦被核实，作为媒体的《日本经济新闻》将名声扫地。于是报社组成了调查委员会，在内部进行了彻底的调查。我作为嫌疑人接受了调查。当然我本人作为一个记者来说，完全没有任何违法行为。1991 年年末报社公布了调查报告，我被证明是清白的。

但 1992 年，有些报纸、杂志又旧事重提。检察机关中有人一再对媒体爆料，特别提到了我是"财界大佬的儿子"。

如果只是我个人的事情，我毫不在意。既然选择了对人对事追根究底的记者这个职业，当被质疑时，当然应该谦虚地接受所有的批评。但牵连家人则不能容忍。

当时，我的父亲作为日本经济团体联合会会长，也为了自己的信念，一再地对自民党、银行，甚至电力公司和建设省发表言辞激烈的意见。

为了掩饰他们在开篇陈词中的错误，有人将相关信息转换成亲子问题，错误的信息随处可见。我绝对不能原谅这种误导媒体的滥权行为。如果事态恶化，除了日经的官方应对以外，我自己也要采取法律措施反击。这就是我人生第一次与父亲商量的事情。

在东京站前面那座还未重建的新丸大厦里，三菱材料设有临时的董事长办公室。我有生以来首次访问这里，然后向父亲一一说明了事情的原委。

听完我的报告后，父亲只问了我一句："没有做坏事吧？"我点头，父亲看了说："那就不要多想了，由报社自己处理。"我又说："如果上报了，可能会给您带来麻烦呢！"父亲回答："会有什么麻烦呢？我们各自都是独立的大人。"我接着说："可能会有人要求追究您的责任。"父亲爽快地说："不会有这样的蠢货。如果有，我辞职就行了。这个职位本来就不是我梦寐以求的。"

父亲与我的格局完全不同。

正是因为那时听了父亲的话，才有现在的我。我当过杂志、报纸的主编，也经营过 BS 放送。现在一边与疾病作斗争，一边过着我作为媒体人的充实的后半生。

所以这本书首先想献给我的父亲。

父亲于 2008 年离开了人世，生前在世田谷的家中被照顾得很好。这本书也献给我的母亲。母亲今年 93 岁了，她比谁都盼着阅读我的新书。

还有很多想要致谢的朋友，此处就不一一列举。仅特别提一下藤田俊一和内山淳介二人。

在泡沫经济破灭前后，藤田与我一同在日经的证券部工作，我们共同合作了《日本人与公司》等特辑。1995 年至 1997 年我在《日经商贸》担任主编时，他作为第一副主编为我操办一切。我认为，他是日本最好的编辑。本次出书，他也从策划阶段就劳心劳力，提出各种意见，与我共同漫游了"那个时代"。

另外一人就是内山，他是新潮社的年轻编辑，同时他还曾是我以笔名在新潮社杂志 Foresight 上连载时的编辑。虽然属于完全没有经历过泡沫经济时代的年轻一代，但他愿意直面泡沫经济时代，愿意向年轻人介绍这段历史。本次他完美地完成了自己的使命。

我是个幸运的人，亲朋好友长相伴，困窘之际解危难。这次也不例外。

最后，我还想对我的妻子直美说一声谢谢。

2016 年 10 月吉日
永野健二

泡沫经济年表

公历	和历	月份	泡沫经济相关事件	月份	日本与世界的相关事件
1971	昭和四十六	6	日本住宅金融专门公司设立（第一号住专，总裁为大藏省退任官员庭山庆一郎）	7	尼克松冲击（访华宣言）
		12	三光汽船收购日本航线股票曝光	8	15日，尼克松冲击（美元危机与停止美元与黄金的兑换）
				12	史密森协定，1美元兑换的日元从360日元降为308日元
1972	四十七			2	浅间山庄事件
				7	田中角荣内阁上台，掀起日本列岛改造热潮
				9	中日两国发表外交正常化的共同声明
1973	四十八	4	24日，三光汽船收购日本航线股票事件结束，中介是儿玉誉士夫	2	转向浮动汇率制
				10	第一次石油危机
1974	四十九			8	尼克松总统因水门事件辞职
				11	田中首相因金脉问题辞职
				12	三木武夫内阁上台
1975	五十			4	胡志明市被攻陷，越南战争结束
1976	五十一	2	14日，伊藤忠商事与安宅产业就业务合作达成协议	2	美国上议院曝光了对日本政府高官的行贿事实，由此引发洛克希德事件
		12	7日，《每日新闻》报道了安宅美国公司2亿美元的贷款无法收回	3	儿玉誉士夫因洛克希德事件被起诉
				7	田中角荣因洛克希德事件被逮捕
				12	福田赳夫内阁上台

公历	和历	月份	泡沫经济相关事件	月份	日本与世界的相关事件
1977	五十二	5		1	卡特就任美国总统
		6	31日，伊藤忠商事与安宅产业缔结合并协定；机田一郎就任住友银行行长（堀田庄三董事长退居二线担任董事顾问）		
1978	五十三			5	新东京国际机场（成田机场）开业
				12	大平正芳内阁上台
1979	五十四			1	第二次石油危机
				2	道格拉斯·格鲁曼事件（2月与5月两次被众议院传唤）
				3	三哩岛核泄漏事故
		7	根据麦肯锡报告，住友银行引入"总本部制"	5	撒切尔就任英国首相
		8	《商业周刊》登载名为《股票之死》的报道	8	沃尔克冲击，美国三年内施行金融紧缩政策
				12	苏联入侵阿富汗
1980	五十五	4	六一国债暴跌，最低价仅为74.45日元	7	铃木善幸内阁上台
		12	国税厅下发通知，对特金实施账面价值分离	9	两伊战争爆发
1981	五十六	1	诚备股票暴跌	1	里根就任美国总统，里根经济学的时代就此开始
		2	加藤㬢因逃税嫌疑被捕		
		3	第二次临时行政调查会（土光敏夫担任会长）初次集会		

公历	和历	月份	泡沫经济相关事件	月份	日本与世界的相关事件
1982	五十七			4	福克兰战争爆发
				11	中曾根康弘内阁上台
1983	五十八	7	5日，《日本经济新闻》报道了野村证券与摩根银行意图共建信托公司的构想	4	东京迪士尼乐园开业
		7	31日，《日本经济新闻》开始连载"理财技巧时代"系列报道		
		11	22日，矶田一郎就任住友银行董事长	11	里根总统访日
1984	五十九	8	"投资杂志"事件		
1985	六十	1	大藏省证券局长佐藤彻去世	2	前首相田中角荣因脑梗塞入院治疗
		5	高桥治则就任东京协和信组的理事长	3	戈尔巴乔夫就任苏联最高领导人
		8	13日，三光汽船倒闭，负债总额为5200亿日元	4	电电公社、日本专卖公社民营化
		8	15日，《日本经济新闻》登载"美蓓亚与三协精机交涉合并事宜"的报道	5	国土厅公布"首都改造计划"
		9	山一证券的横田良男总裁决定大力推行永田信托	8	12日，日本航空123号班机空难事件
		10	东证开始进行债券期货交易	9	22日，《广场协议》签署
		10	大额定期存款（10亿日元以上）的利息自由化		

公历	和历	月份	泡沫经济相关事件	月份	日本与世界的相关事件
1986	六十一	3	20 日，《日本经济新闻》开始连载 "公司是谁的" 系列报道，三菱地所股价涨停	4	7 日，《前川报告》发表
				4	26 日，切尔诺贝利核事故
		8	三菱重工发行 1000 亿日元的可转换公司债券		
		10	住友银行吸收合并平和相互银行，中介是伊藤万		
		10	里库路特 Cosmos 股票上市	12	纽约道琼斯工业平均指数创历史新高
1987	六十二	1	16 日，山一证券副总裁田芳穗自杀	2	22 日，《卢浮宫协议》发表
		1	外汇交易市场，1 美元兑换的日元首次超过 150 日元		
		1	日经平均指数突破 2 万日元	4	日本国有铁路民营化
		2	NTT 股票上市		
		6	大证开设股指期货市场，"50 种股指期货" 交易开始		
		9	基准地价的平均上升率达到历史新高 9.7%		
		10	19 日，"黑色星期一"，20 日，日经平均指数受纽约股市影响暴跌	11	竹下登内阁上台

公历	和历	月份	泡沫经济相关事件	月份	日本与世界的相关事件
1988	六十三	1	大藏省公布对特定金外信托的决算实行弹性化政策		
		3	野村证券的经常利润为5000亿日元，日本第一		
		5	内部交易规制施行（《证券交易法》进行了部分修改）		
		6	18日，里库路特事件（未上市股票转让与政治家参与事实曝光）		
		9	行平次雄就任山一证券总裁		
		9	大证日经225期货交易开始		
		12	日经平均指数突破3万日元		
1989	六十四/平成元年	2	里库路特前董事长江副浩正被捕	1	7日，昭和天皇驾崩
		5	10日，美蓉亚董事长高桥见去世	1	布什就任美国总统
		5	31日，日本银行时隔九年两个月提高法定利率	4	引入消费税
		6	大证日经225期权交易开始	6	2日，宇野宗佑内阁上台
		6	22日，《日本经济新闻》登载小谷光一"我心灵的寄托是住友银行"的发言		
		6	29日，皮肯斯在小系制作所的股东大会上登场		
		7	8日，忠实屋与稻毛屋开展业务合作	8	海部俊树内阁上台
		9	索尼决定收购美国哥伦比亚电影公司		
		10	三菱地所收购美洛克菲勒中心		
		12	三重野康就任日本银行总裁	11	柏林墙倒塌
		12	证券局局长角谷正彦下达通知禁止营业特金	12	美苏首脑在马耳他会谈，冷战结束
		12	29日，日经平均指数创下38957日元的历史新高		

公历	和历	月份	泡沫经济相关事件	月份	日本与世界的相关事件
1990	二	3	大藏省颁布《房地产融资总量规制》		
		5	24日，《日本经济新闻》在《急速压缩土地、债务》报道中提及伊藤万事件		
		7	19日，光进的小谷光浩被捕	8	伊拉克入侵科威特
		10	时隔三年八个月，日经平均指数跌破2万日元	10	两德统一
		11	EIE资金短缺问题浮出水面，被置于长银管理之下	11	撒切尔辞任英国首相
1991	三	4	协和银行与埼玉银行合并，组成协和埼玉银行（今里素那银行）	1	海湾战争爆发
		5	2日，《日本经济新闻》对尾上缝进行报道		
		7	23日，伊藤万前总裁河村良彦，许永中被捕（伊藤万事件）		
		7	29日，《日本经济新闻》登载了证券公司实施损失补偿的名单		
		8	13日，东洋信用金库的虚假存款单事件，尾上缝被捕	11	宫泽喜一内阁上台
				12	苏联解体

公历	和历	月份	泡沫经济相关事件	月份	日本与世界的相关事件
1992	四			2	东京佐川便前总裁渡边被捕，疑似贿赂政界，成为舆论焦点
		3	三大都市圈的公示地价下降11.6%		
		6	尾上缝宣告破产，从12家金融机构诈骗了3420亿日元		
		8	17日，宫泽首相在轻井泽与大银行首脑就投入国家资金问题展开讨论		
		8	30日，自民党在轻井泽召开研讨会，宫泽首相提及投入国家资金一事		
		9	英镑危机（在乔治·索罗斯的英镑投机战中，英国政府败北）		
		10	大藏省宣布都市银行等21家金融机构的不良债权高达12.3兆日元	10	因东京佐川急便事件，自民党副总裁、众议院议员金丸信辞职
1993	五			1	克林顿就任美国总统
				8	细川护熙组与非自民党七党组成的联合内阁上台（自民党一系的支配体制结束）
				11	欧盟（EU）成立
		12	矶田一郎去世		
1994	六			4	羽田孜内阁上台（社会党脱离非自民党联合政权）
				6	村山富市内阁上台（自民党、社会党、先驱新党的联合政权）

公历	和历	月份	泡沫经济相关事件	月份	日本与世界的相关事件
1995	七			1	阪神大地震
				3	东京地铁沙林毒气事件
		4	东京外汇市场创下1美元兑换79.75日元的历史最高值		
		9	大藏省宣布住专的不良债权为8.4兆日元		
		12	20日，为了解决住专问题，决定投入6850亿日元的国家资金		
1996	八	2	12日，《风尘抄》登载了司马辽太郎的文章《为了日本的明天》，当日司马去世	1	桥本龙太郎内阁上台
		6	住友商事宣布在铜的期货交易中损失1960亿日元		
		11	桥本首相宣布了金融市场改革的构想		

参考文献

序 言

池尾和人『連続講義・デフレと経済政策　アベノミクスの経済分析』
　日経 BP 社、2013 年

岩田規久男『インフレとデフレ』講談社学術文庫、2012 年

岡崎哲二・奥野正寛編『現代日本経済システムの源流』日本経済
　新聞社、1993 年

香西泰・白川方明・翁邦雄編『バブルと金融政策　日本の経験と
　教訓』日本経済新聞社、2001 年

小宮隆太郎編『金融政策論議の争点　日銀批判とその反論』日本
　経済新聞社、2002 年

榊原英資『資本主義を超えた日本　日本型市場経済体制の成立と
　展開』東洋経済新報社、1990 年

渋沢栄一『雨夜譚（あまよがたり）』岩波文庫、1984 年

白川方明『現代の金融政策　理論と実際』日本経済新聞出版社、
　2008 年

高尾義一『平成金融不況』中公新書、1994 年

小峰隆夫・岡崎哲二・寺西重郎・松島茂・中村尚史・中林真幸・日
　本経済研究センター 50 年史編纂委員会『エコノミストの戦後史』

　日本経済新聞出版社、2013 年

日本経済新聞社編『株は死んだか』日本経済新聞社、1991 年

日本経済新聞社編『宴の悪魔　証券スキャンダルの深層』日本経
　済新聞社、1991 年

日本経済新聞社編『検証バブル　犯意なき過ち』日経ビジネス人
　文庫、2001 年

野口悠紀雄『バブルの経済学』日本経済新聞社、1992 年

野口悠紀雄『1940 年体制』東洋経済新報社、1995 年

浜田宏一『アメリカは日本経済の復活を知っている』講談社、
　2013 年

宮崎義一『複合不況』中公新書、1992 年

吉田和男『日本型銀行経営の罪　金融危機の本質は何か』東洋経
　済新報社、1994 年

吉冨勝『日本経済の真実　通説を超えて』東洋経済新報社、1998 年

F・L・アレン『オンリー・イエスタディ』藤久ミネ訳、筑摩叢書、
　1986 年

E・H・カー『歴史とは何か』清水幾太郎訳、岩波新書、1962 年

ジョン・K・ガルブレイス『バブルの物語　暴跌の前に天才がいる』
　鈴木哲太郎訳、ダイヤモンド社、1991 年

C・P・キンドルバーガー『大不況下の世界 1929─1939』石崎昭彦
　ほか訳、東京大学出版会、1982 年

C・P・キンドルバーガー『熱狂、恐慌、崩壊　金融恐慌の歴史』
　吉野俊彦／八木甫訳、日本経済新聞社、2004 年

リチャード・クー『バランスシート不況下の世界経済』徳間書店、
　2013 年

J・M・ケインズ『雇用・利子および貨幣の一般理論』塩野谷祐一訳、

東洋経済新報社、1995 年

J・M・ケインズ『デフレ不況をいかに克服するか　ケインズ 1930
　　年代評論集』松川周二編訳、文春学藝ライブラリー、2013 年

ミルトン・フリードマン『資本主義と自由』村井章子訳、日経 BP 社、
　　2008 年

ミルトン・フリードマン『選択の自由』西山千明訳、日経ビジネ
　　ス人文庫、2002 年

第一章　胎動

1　三光汽船收购日本航线事件

掛谷建郎『官治国家との訣別』日経 BP 社、1996 年

高杉良『小説日本興業銀行 (第 1 部 — 第 5 部)』講談社文庫、
　　1990 — 1991 年

日本経済新聞特別取材班『座礁　ドキュメント三光汽船』日本経
　　済新聞社、1985 年

本所次郎『転覆　海運・大型乗っ取り事件』社会思想社、1995 年

エズラ・F・ヴォーゲル『ジャパンアズナンバーワン』広中和歌子
　　ほか訳、TBS ブリタニカ、1979 年

ディビット・カプラン、アレック・デュプロ『ヤクザ』松井道男訳、
　　第三書館、1991 年

ケント・E・カルダー『戦略的資本主義　日本型経済システムの本質』
　　谷口智彦訳、日本経済新聞社、1994 年

2　眼花缭乱的投机股与兜町的终结

朝日新聞経済部編『お金に踊る世界　証券界の内幕』プレジデン

ト社、1982 年

小高正志『夜に蠢く政治家たち』エール出版社、1981 年

是川銀蔵『相場師一代』小学館文庫、1999 年

笹川良一『巣鴨日記』中央公論社、1997 年

清水一行『擬制資本』徳間書店、1986 年

清水一行『小説　兜町（しま）』三一書房、1966 年

髙山文彦『宿命の子　笹川一族の神話』小学館、2014 年

東京タイムズ取材班『兜町の懲りない面々』ベストブック、1988 年

谷村裕『大蔵属、月給七拾五圓　私の履歴書』日本経済新聞社、
　　1990 年

3　被迫推行里根経済学

掛谷建郎『米銀の崩壊と再生　金融自由化の誤算』日本経済新聞社、
　　1993 年

関山豊成『ウォール街』日本経済新聞社、1985 年

日本経済新聞社編『SEC の素顔』日本経済新聞社、1989 年

日本経済新聞社他編『第二世紀の資本市場』日本経済新聞社、
　　1978 年

ヘンリー・カウフマン『カウフマンの警告』佐藤隆三訳、オータ
　　ス研究所、1986 年

スーザン・ストレンジ『カジノ資本主義　国際金融恐慌の政治経
　　済学』小林襄治訳、岩波書店、1988 年

スーザン・ストレンジ『国家の退場　グローバル経済の新しい主
　　役たち』櫻井公人訳、岩波書店、1998 年

スーザン・ストレンジ『マッド・マネー』櫻井公人ほか訳、岩波書店、
　　1999 年

ジョージ・ソロス『ソロスの資本主義改革論　オープンソサエティを求めて』山田侑平ほか訳、日本経済新聞社、2001 年

ピーター・バーンスタイン『リスク』青山護訳、日本経済新聞社、1998 年

4　被大藏省粉碎的"野村摩根信托构想"

相田雪雄『投資顧問業事始め』金融財政事情研究会、1990 年

日経ビジネス『リスクの鉄人　J. P. モルガン』日経 BP 社、1995 年 3 月 13 日号

編纂委員会『追悼　北裏喜一郎』野村證券、1986 年

アル・アレツハウザー『ザ・ハウス・オブ・ノムラ』佐高信監訳、新潮社、1991 年

5　孤军奋战的金融改革以失败告终

栗林良光『大蔵省証券局』講談社、1988 年

日経ビジネス『大蔵省ダウンサイジング　官治国家との決別』日経 BP 社、1994 年 3 月 28 日号

日本経済新聞社編『官僚　軋む巨大権力』日本経済新聞社、1994 年

6　创造并购历史的男人

NHK 経済部、下田智・森永公紀『極秘指令「X 社を買収せよ」』日本放送出版協会、1990 年

高橋髙見『われ闘えり　私の M & A 実践経営録』経済界、1989 年

第二章　膨胀

1　由《广场协议》导致的超级金融缓和政策

岡部直明『ドルへの挑戦　Ｇゼロ時代の通貨興亡』日本経済新聞出版社、2015 年

軽部謙介『検証　バブル失政』岩波書店、2015 年

竹下登『平成経済ゼミナール』日経 BP 出版センター、1995 年

船橋洋一『通貨烈烈』朝日文庫、1992 年

ウォルター・バジョット『ロンバード街』久保恵美子訳、日経 BP 社、2011 年

2　使资产泡沫加速膨胀的"账外收益"的妙计

薄井彰『会計制度の経済分析』中央経済社、2015 年

菅直人『新・都市土地論』飛鳥新社、1988 年

中村英雄『ジョン・ローの周辺』千倉書房、1996 年

日経ビジネス『「住専」解体　日本経済の時限爆弾』日経 BP 社、1993 年 1 月 18 日号

吉村光威『ディスクロージャーが市場と経営を革新する』中央経済社、1994 年

3　"三菱重工 CB 事件"与山一证券的消亡

河原久『山一証券　失敗の本質』PHP 研究所、2002 年

清武英利『しんがり』講談社＋α文庫、2015 年

草野厚『山一証券破綻と危機管理　1965 年と 1997 年』朝日新聞社、1998 年

鈴木隆『滅びの遺伝子　山一證券興亡百年史』文藝春秋、2005 年

田原総一朗・田中森一『検察を支配する「悪魔」』講談社、2007年

読売新聞社会部『会社がなぜ消滅したか』新潮文庫、2001年

4　煽动人心的NTT股票上市狂热

町田徹『巨大独占　NTTの宿罪』新潮社、2004年

5　大藏省失策扩大特金与指定金外信托

奥村宏『日本の株式市場　投機時代の株価はこう決まる』ダイヤ
　　モンド社、1988年

経済セミナー臨時増刊『株価暴落・ドル暴落と日本経済』日本評
　　論社、1988年

日本経済新聞社編『株式市場日誌　スクランブル　この一年』日
　　本経済新聞社、1988年

日本経済新聞社編『会社は誰のものか』日本経済新聞社、1987年

ピーター・リンチ『ピーター・リンチの株で勝つ』三原淳雄ほか訳、
　　ダイヤモンド社、1990年

6　改变企业行动原则的"理财技巧"

日経ビジネス編『会社の寿命』新潮文庫、1989年（日経BP社、
　　1984年）

日本経済新聞社編『投資顧問　躍り出る「財テク」仕掛人』日本
　　経済新聞社、1985年

福間年勝『リスクに挑む』バジリコ、2002年

編集委員会『追想北二郎』阪和興業、2000年

第三章　狂乱

1　遭到国民一致谴责的里库路特事件

河合良成『帝人事件　三十年目の証言』講談社、1970 年

澤野廣史『恐慌を生き抜いた男　評伝・武藤山治』新潮社、1998 年

田原総一朗『正義の罠　リクルート事件と自民党―20 年目の真実』
　小学館、2007 年

山本博『追及　体験的調査報道』悠飛社、1990 年

2　一兆日元帝国创造者庆应男孩高桥治则的言而无信

金田信一郎『失敗の研究　巨大組織が崩れるとき』日本経済新聞
　出版社、2016 年

日経ビジネス編『真説　バブル　宴はまだ、終わっていない』日
　経 BP 社、2000 年

福沢諭吉『福翁自伝』岩波文庫、1978 年

福沢諭吉『文明論之概略』岩波文庫、1995 年

村山治『市場検察』文藝春秋、2008 年

ジリアン・テット『セイビング・ザ・サン　リップルウッドと新
　生銀行の誕生』武井楊一訳、日本経済新聞社、2004 年

3　囤积商暴露的精英的卑劣

後藤光男『企業提携の時代　日本企業による M & A の世界』産能
　大学出版部、1992 年

佐野眞一『カリスマ　中内功とダイエーの「戦後」』日経 BP 社、
　1998 年

ジョージ・アカロフ、ロバート・シラー『アニマルスピリット

人間の心理がマクロ経済を動かす』山形浩生訳、東洋経済新報社、
　2009 年

ポール・フディンほか『トリックスター』皆河宗一ほか訳、晶文社、
　1974 年

4　丰田与皮肯斯的攻防显示了时代的风云变换

宇沢弘文『自動車の社会的費用』岩波新書、1974 年

内橋克人とグループ二〇〇一『規制緩和という悪夢』文藝春秋、
　1995 年

大野耐一『トヨタ生産方式』ダイヤモンド社、1978 年

鎌田慧『自動車絶望工場　ある季節工の日記』講談社文庫、1983
　年

渡辺喜太郎『渡辺喜太郎一代記　人の絆が逆境を乗り越える』フ
　ァーストプレス、2011 年

T・ブーン・ピケンズ Jr.『ブーン　わが企業買収哲学』相原真理子訳、
　早川書房、1987 年

5　住友银行的大罪是伊藤万事件还是小谷问题

石原俊介編『情報の情報』現代産業情報研究所、1991 年

伊藤博敏『黒幕　巨大企業とマスコミがすがった「裏社会の案内
　人」』小学館文庫、2016 年

竹井博友『戯言句集』竹井出版、1990 年

中原義正『蛇の目ミシン解体計画』日新報道、1993 年

西川善文『ザ・ラストバンカー　西川善文回顧録』講談社、2011 年

日本経済新聞社編『ドキュメント　イトマン・住銀事件』日本経
　済新聞社、1991 年

山下彰則『大銀行の犯罪　無軌道の現場から』ザ・マサダ、1996 年

6　"令股票冻结的男人"所预见的战后日本总决算
奥村宏『新版　法人資本主義の構造』現代教養文庫、1991 年
週刊東洋経済臨時増刊『経済白書特集 90』東洋経済新報社、1990 年
首藤宣弘『石井独眼流実戦録　かぶと町攻防四十年』毎日新聞社、
　　1987 年
高橋亀吉『私の実践経済学』東洋経済新報社、1976 年
高橋亀吉『経済学の実際知識』講談社学術文庫、1993 年
笹川平和財団編『田淵節也追悼集』2009 年
藤本隆宏『日本のもの造り哲学』日本経済新聞社、2004 年
盛田昭夫・石原慎太郎『「NO」と言える日本』光文社、1989 年

第四章　清算

1　被来历不明的操盘手入侵的兴银的末路
奥山俊宏・村山治・横山蔵利『ルポ内部告発』朝日新書、2008 年
西村吉正『金融行政の敗因』文春新書、1999 年
日本経済新聞社編『されど「会社人」　日本的経営の静かな崩壊』
　　日本経済新聞社、1992 年
村山治『特捜検察 vs. 金融権力』朝日新聞出版、2007 年

2　大藏省在损失补偿问题上的双重标准
竹内文則『「日本版ペコラ委員会」　日本型金融システムを総括す
　　る！』経済法令研究会、2000 年
山口義正『サムライと愚か者　暗闘オリンパス事件』講談社、2012 年

蠟山昌一『金融自由化の経済学』日本経済新聞社、1989 年

3　昙花一現的国家资金救済
宮沢喜一『社会党との対話　ニュー・ライトの考え方』ミリオン・ブックス、1965 年

結　語

石原慎太郎『天才』幻冬舎、2016 年

宇沢弘文『現代経済学への反省』岩波書店、1987 年

司馬遼太郎『土地と日本人』中公文庫、1980 年

司馬遼太郎『風塵抄』中公文庫、1994 年

司馬遼太郎『風塵抄二』中公文庫、2000 年

早野透『田中角栄　戦後日本の悲しき自画像』中公新書、2012 年

村上泰亮『反古典の政治経済学　上下』中央公論社、1992 年

村上泰亮『新中間大衆の時代』中公文庫、1987 年

村上泰亮『産業社会の病理』中央公論社、1975 年

J・A・シュンペーター『資本主義は生きのびるか』八木紀一郎編訳、名古屋大学出版会、2001 年

图书在版编目（CIP）数据

泡沫时代：日本迷失的原点 /（日）永野健二著；
张玲译 . -- 北京：北京联合出版公司，2023.8
ISBN 978-7-5596-6850-9

Ⅰ . ①泡… Ⅱ . ①永… ②张… Ⅲ . ①泡沫经济－研
究－日本 Ⅳ . ① F131.344

中国国家版本馆 CIP 数据核字 (2023) 第 060312 号

北京市版权局著作权合同登记号 图字：01-2023-2072 号

泡沫时代：日本迷失的原点

作　　者：[日] 永野健二
译　　者：张　玲
出 品 人：赵红仕
策划机构：明　室
策 划 人：陈希颖
特约编辑：刘麦琪　王佳丽
责任编辑：管　文
装帧设计：WSCGRAPHIC.COM

北京联合出版公司出版
（北京市西城区德外大街 83 号楼 9 层　100088）
北京联合天畅文化传播公司发行
北京市十月印刷有限公司印刷　新华书店经销
字数 193 千字　880 毫米 ×1230 毫米　1/32　9 印张
2023 年 8 月第 1 版　2023 年 8 月第 1 次印刷
ISBN 978-7-5596-6850-9
定价：59.80 元